Streblow · Pinsi, das Eichhörnchen

Lothar Streblow

Pinsi das Eichhörnchen

Mit Zeichnungen von Ulrike Heyne

Loewe

Die Deutsche Bibliothek – CIP-Einheitsaufnahme

Streblow, Lothar:
Pinsi, das Eichhörnchen/Lothar Streblow.
1. Aufl. – Überarb. und erg. Ausg.
Bindlach: Loewe, 1992
ISBN 3-7855-2447-1

ISBN 3-7855-2447-1 – 1. Auflage 1992
Bereits 1984 im Gerstenberg Verlag unter dem Titel „Pinsi, die Geschichte eines Eichhörnchens" erschienen.

Umschlagzeichnung: Ulrike Heyne
Umschlaggestaltung: Creativ GmbH Kolb, Leutenbach
Satz: Fotosatz Studio GmbH, 8591 Fichtelberg
Gesamtherstellung: Offizin Andersen Nexö, Leipzig
Printed in Germany

Inhalt

Begegnung im Tal

An diesem Morgen wehte ein frischer Wind. Aber Claus störte der Wind nicht. Ihm machte es immer Spaß, mit mir auf Entdeckungen zu gehen; besonders im Frühling, wenn die Natur erwachte.

Gleich nach dem Frühstück zogen wir los, hinunter in das stille Flußtal mit den bewaldeten Hängen. Um diese frühe Stunde gab es hier unten kaum Spaziergänger; die kamen erst am Spätnachmittag oder an den Wochenenden. Uns war das gerade recht: Wir mochten beide keinen Lärm. Und wir wollten Tiere beobachten.

Claus blickte sich neugierig um. Hier im Tal lebten zwar sehr viele verschiedenartige Tiere, aber nicht immer hatten wir Glück. Und auch heute sah es nicht so aus. Wir waren schon eine ganze Weile auf dem schmalen Pfad am Flußufer entlanggegangen und hatten einen Eichelhäher gehört und einen Grünspecht, doch gesehen hatten wir sie beide nicht. Trotzdem fanden wir es schön hier.

Die Sonne schien warm durch das sprießende Grün, und überall blühten Frühlingsblumen. Vögel zwitscherten in den Zweigen. Und der Wind war in dem tiefeingeschnittenen Tal kaum zu spüren. Nur aus den hohen Baumwipfeln drang sein leises Rauschen zu uns herab.

Plötzlich hörten wir neben dem Rascheln des Windes noch ein anderes Geräusch. Es klang wie ein Keckern.

„Was ist das?“ fragte Claus und blieb stehen. „Es hört sich lustig an.“

Das fand ich auch. Und ich sagte:
„Vermutlich ein Eichhörnchen."
„Wo?" wollte Claus wissen.
Aber das konnte ich ihm auch nicht sagen. Im Augenblick war jedenfalls nichts zu sehen. Und das war auch kein Wunder. Wildlebende Eichhörnchen sind im allgemeinen sehr scheu. Schon beim geringsten Geräusch verschwinden sie eiligst in den Baumwipfeln. Doch dieses schien uns offenbar nicht für gefährlich zu halten. Es

keckerte munter weiter. Und es kam uns dabei immer näher.

„Komisch", murmelte ich nachdenklich.

„Was ist komisch?" fragte Claus und zog seine Stirn in krause Falten.

Doch bevor ich antworten konnte, entdeckte ich hinter dem dicken Stamm einer alten Eiche eine Bewegung. Und was sich dort bewegte, war rot: fuchsrot wie der Schwanz eines Eichhörnchens.

„Dort!" flüsterte ich kaum hörbar, um das Tier nicht zu erschrecken. „Dort oben!"

Claus nickte eifrig.

„Hab' ich schon gesehen."

Und obwohl Claus nicht gerade leise gesprochen hatte, schien sich das Eichhörnchen auch daran nicht zu stören. Im Gegenteil. Plötzlich tauchte an der anderen Seite des Eichenstammes ein rötlich schimmerndes Köpfchen auf. Seine großen dunklen Augen musterten uns aufmerksam. Und die langen Pinselohren lauschten angespannt zu uns herüber. Dabei stieß es wieder sein Keckern aus.

Unwillkürlich wollte Claus sich dem Eichhörnchen nähern, doch ich hielt ihn zurück. Was auch immer dieses possierliche Tierchen im Sinn hatte, wir durften es auf keinen Fall erschrecken. Wie alle wildlebenden Tiere haben auch Eichhörnchen eine angeborene Fluchtdistanz; kommt man ihnen zu nahe, zwingt man sie gewissermaßen automatisch zur Flucht. Genau das aber wollte ich vermeiden.

Und Claus schien mich zu verstehen. Er legte den Kopf

schief und grinste mich schelmisch an. Dann öffnete er die Lippen – und keckerte. Das hörte sich zwar nicht gerade sehr vollkommen an, aber dem Eichhörnchen gefiel es offenbar. Es keckerte wieder. Und Claus keckerte zurück. So bekeckerten sich die beiden eine Weile. Ich fragte mich, wohin das noch führen sollte.

Für Claus aber war das kein Problem. Er strahlte das Eichhörnchen an, als sei ihm der Osterhase persönlich begegnet. Und das Eichhörnchen spürte wohl die Sympathie des Jungen. Vorwitzig kam es mit seinem ganzen Körper um den Stamm herum. Seine kleinen Vorderpfötchen krallten sich in der rissigen Borke fest. Und dabei entdeckten wir einen ziemlich großen hellgrauen Fleck in dem leuchtenden Rot seines übrigen Fells.

Claus stutzte.

„Ist es krank?“ fragte er besorgt.

Ich schüttelte den Kopf und erklärte ihm, daß im Winter das Eichhörnchenfell oft mit Grau durchmischt ist und mitunter sogar richtige graue Inseln bildet, wie bei diesem hier. Und da der Haarwechsel im Frühjahr und Herbst recht lange andauert, kann man auch im Frühling noch graugefleckte Eichhörnchen sehen mit langen Haarpinseln an den Ohren, die auch nur im Winter voll entwickelt sind.

Claus nickte beruhigt.

Das Eichhörnchen aber schien an unserer Unterhaltung wenig Geschmack finden. Es fühlte sich wohl vernachlässigt und keckerte energisch. Dann machte es unverhofft kehrt und flitzte wie ein geölter Blitz am Stamm hinauf.

„Schade", murmelte Claus betroffen. „Ich glaube, deine großen Reden waren ihm zu langweilig."

Das fürchtete ich auch. Aber das war nicht mehr zu ändern. Enttäuscht suchten wir im Baumwipfel der Eiche nach etwas Rotem. Doch da war nichts.

Plötzlich keckerte es wieder. Und zwar ganz in unserer Nähe.

„Nanu?" wunderte sich Claus. „Es ist also doch nicht ausgebüxt!"

Und das war es tatsächlich nicht. Kaum drei Armlängen von uns entfernt, saß es auf einer Auswölbung des Eichenstammes und keckerte munter zu uns herüber. Es mußte unbemerkt auf der uns abgewandten Seite des Stammes wieder heruntergeklettert sein. Und es hatte offenbar noch einiges mit uns vor.

Kaum hatte Claus ihm freudig zugekeckert, sauste es ein paar Meter den Stamm aufwärts, blickte sich um und keckerte aufmunternd zu uns hinunter. Claus keckerte zurück, dann wieder das Eichhörnchen, dann wieder Claus. Es war eine sagenhafte Keckerei. Dabei versuchte das Eichhörnchen offensichtlich, Claus auf den Baum zu locken. Und auch Claus wurde das allmählich klar.

„Ich bin doch kein Eichhörnchen!" protestierte er und musterte nachdenklich den knorrigen Eichenstamm. Und leise fügte er hinzu: „Obwohl ich eigentlich ganz gern eins wäre."

Ich verstand ihn sehr gut. Es wäre für die meisten Buben sicher eine feine Sache, auf Eichhörnchenweise in den Bäumen herumzutoben.

„Das Eichhörnchen hätte das vermutlich auch ganz gern“, sagte ich zu Claus und erklärte ihm, daß Eichhörnchen einen ausgeprägten Spieltrieb haben und daß besonders die zahmen unter ihnen ihre menschlichen Freunde durch bestimmte Gesten zum Spielen auffordern.

Merkwürdig war nur, daß dieses uns völlig fremde Eichhörnchen sich so zahm verhielt, obwohl es uns beide vorher noch nie gesehen hatte. Und Eichhörnchen haben sehr gute Augen, ein weites Blickfeld und können verschiedene Personen genau unterscheiden. Es konnte uns also kaum mit irgend jemand verwechselt haben.

„Vielleicht gefalle ich ihm einfach“, meinte Claus.

Dagegen ließ sich nichts einwenden. Vielleicht spürte das Eichhörnchen Claus' Tierliebe.

Doch unsere Überlegungen wurden jäh unterbrochen. Plötzlich tauchte ein großer dunkler Schatten zwischen den Baumwipfeln auf. Es war ein Mäusebussard, der lautlos seine Kreise über uns zog, offenbar auf der Suche nach einer Waldmaus. Und bevor wir auch nur einen Laut ausstoßen konnten, war das Eichhörnchen verschwunden. Keiner von uns hatte gesehen, wohin es geflüchtet war.

„Gerade noch rechtzeitig“, sagte Claus erleichtert.

Ich nickte. Aber so ganz sicher war ich mir nicht. Von den Greifvögeln werden eigentlich nur Habichte einem Eichhörnchen gefährlich. Doch man konnte ja nicht wissen, ob nicht auch mal ein Mäusebussard plötzlich Appetit auf Eichhörnchen bekam. Und das Eichhörnchen war wohl der gleichen Meinung. Auf jeden Fall hatte es sich vorsichtshalber in Sicherheit gebracht.

Den Mäusebussard aber schien das Eichhörnchen überhaupt nicht zu interessieren. Oder er hatte es nicht gesehen. Gemächlich glitt er mit ausgebreiteten Schwingen immer weiter von uns weg.

Claus atmete auf.

„Doofer Vogel!“ knurrte er unwirsch. „Jetzt hat er unser Eichhörnchen vertrieben.“

Ich mußte lachen. Trotz seiner Liebe zu sämtlichem Getier konnte Claus doch eindeutig Partei ergreifen, wenn ihm ein Tier besonders viel bedeutete. Sonst mochte er Mäusebussarde nämlich ganz gern, bewunderte ihr schön gezeichnetes Gefieder und ihren eindrucksvollen Flug. Und daß Mäusebussarde sich von allen möglichen Arten von Mäusen ernährten, die Claus ganz besonders liebte, störte ihn dabei wenig. Jetzt aber störte ihn der Mäusebussard.

„Komm, Claus“, sagte ich tröstend. „Wir müssen ohnehin zurück. Es ist bald Zeit zur Schule. Und sicher hat der Briefträger inzwischen auch die Post gebracht. Ich muß arbeiten.“

Claus zog unwirsch die Stirn kraus. „Ist es schon wieder so spät?“ fragte er.

„Ja. Zehn Uhr vorbei.“

„Hmmm“, brummte Claus.

Er wußte, dagegen war nichts zu machen. Nach einem letzten Blick durch die Baumwipfel wandte er sich um und stiefelte auf dem schmalen Pfad am Flußufer zurück.

Ich folgte ihm langsam.

Aber weit kamen wir nicht. Meisen, Finken, Sperlinge und Amseln turnten über unseren Köpfen in den Zweigen herum, und Claus blieb hin und wieder stehen, um sie zu beobachten. Und dabei entdeckte er mit einemmal etwas Rotschwänziges, das ihm sehr bekannt vorkam.

„Das Eichhörnchen!“ rief er verblüfft. „Da ist es wieder!“

Mit den Blicken folgte ich seiner ausgestreckten Hand. Und auch ich war verblüfft. Es war tatsächlich unser Spielgefährte von vorhin. Deutlich sahen wir den großen hellgrauen Fleck an seiner rechten Flanke. Und auch das Eichhörnchen hatte uns offensichtlich wiedererkannt.

Plötzlich sprang es mit einem gewaltigen Satz auf den untersten Ast des uns nächststehenden Baumes, blickte uns aus seinen großen dunklen Augen neugierig an und keckerte vergnügt. Und Claus keckerte natürlich zurück.

Ich machte mich schon auf eine größere Keckerei gefaßt, da überlegte es sich das Eichhörnchen offenbar anders. Es richtete sich auf seinen Hinterpfötchen auf, keckerte einmal kurz und energisch und flitzte dann unerwartet stammaufwärts.

Mit enttäuschtem Gesicht blickte Claus ihm nach.

„Na so was!“ murrte er. „Nun will es mich schon wieder auf den Baum locken. Es müßte doch eigentlich merken, daß ich kein Eichhörnchen bin. Oder sehe ich vielleicht so aus?“

In seinen großen Jungenaugen spiegelte sich deutlich seine Unsicherheit.

„Nein“, beruhigte ich ihn. „Du siehst natürlich nicht so aus. Und auch das Eichhörnchen weiß das ganz genau. Es kann sich wohl nur nicht vorstellen, daß wir Menschen nicht genauso gut klettern können wie ein Eichhörnchen.“

„Aha“, nickte Claus. „Das ist einleuchtend.“

Auch das Eichhörnchen schien das endlich begriffen zu haben. Es gab seine erfolglosen Bemühungen auf und kam wieder herunter, doch diesmal auf einen anderen Ast – direkt über Claus' Kopf. Und von dort keckerte es so laut, daß Claus erschrocken zusammenzuckte. Dann lachte er vergnügt und meinte:

„Vielleicht will es, daß wir es mitnehmen?“

„Wir können es ja versuchen. Auf jeden Fall müssen wir nach Hause.“

Langsam gingen wir weiter. Claus lockte und keckerte. Und das Eichhörnchen keckerte zurück, dabei munter von Ast zu Ast springend, immer nur wenige Meter entfernt neben uns her – bis wir den Waldsaum im Talgrund erreichten. Dann blickte es uns noch eine Weile nach und verschwand urplötzlich in den Wipfeln der Baumkronen.

„Na ja“, murmelte Claus mit leicht süß-saurem Gesicht. „Schade, aber da ist wohl nichts zu machen.“

Besuch im Fichtenbaum

Einige Tage später saß ich wie üblich am Schreibtisch und klapperte auf meiner Schreibmaschine. Es war ein schöner, warmer Frühlingsmorgen. Claus spielte nach der Schule draußen auf der Terrasse mit unserer Schildkröte, die auf den sonnengewärmten Steinen geradezu sagenhaften Appetit auf frische Löwenzahnblätter entwickelte. Sonst war es still im Hause. Lona, meine Frau, hatte unsere Hündin Anja zum Einkaufen mitgenommen.

Plötzlich trat Claus in mein Arbeitszimmer.

„Es keckert!" verkündete er strahlend.

Leicht unwirsch blickte ich von meiner Maschine auf.

„Was keckert?" fragte ich verblüfft.

Claus schüttelte den Kopf.

„Weiß ich nicht. Es keckert jedenfalls. Und es hört sich an wie Eichhörnchen."

Eichhörnchengekecker gehörte sonst nicht zu den hier gewohnten Tiergeräuschen. Das Haus stand zwar am Ortsrand nahe dem Talhang, dazwischen aber breiteten sich Wiesen und Felder aus, die Eichhörnchen nur ungern überquerten. Folglich gab es hier viele in Wohngegenden höchst unübliche Tiere, nur keine Eichhörnchen. Claus mußte sich getäuscht haben.

Doch er hatte sich nicht getäuscht. Als ich neben ihm auf die Terrasse trat, hörte auch ich ein mir durchaus vertrautes Gekecker. Das war eindeutig ein Eichhörnchen. Aber wo kam es her? Und wo steckte es?

Aufmerksam musterten wir alle Bäume. Weit konnte es jedenfalls nicht sein; dazu klang das Keckern zu nah. Und es kam zweifellos von oben.

In unserem Ahornbaum saß es nicht. Doch an der Grenze zum Nachbargrundstück stand eine stattliche Gruppe halbwüchsiger Fichten, deren vorjährige Fruchtzapfen erst jetzt voll ausgereift waren und die noch niemand abgeerntet hatte. Die mußten das Eichhörnchen wohl gereizt haben, denn am Talhang gab es kaum Fichten. Irgendwo da oben mußte es stecken.

Claus verstaute inzwischen unsere Schildkröte im Gehege, damit sie nicht ausbüxte.

„Na?“ fragte er. „Siehst du es?“

In diesem Augenblick sahen wir beide gleichzeitig eine Bewegung in einem der Wipfel. Etwas Rotes, Buschiges wedelte da herum, tauchte mal hier auf und mal dort und schien endlich doch eine passende Stelle gefunden zu haben. Dabei keckerte es munter vor sich hin.

„Es begrüßt uns“, erklärte Claus überzeugt und kekkerte zurück.

Ich war mir da allerdings nicht ganz so sicher. Ein Eichhörnchen an seinem Gekecker zu erkennen, traute ich mir nicht zu. Und genau zu sehen war es nicht. Außerdem schien es sich weniger für uns zu interessieren als für die Fichtenzapfen. Und das war ihm auch nicht zu verdenken. Rund um seinen luftigen Sitz hingen ihm die Zapfen buchstäblich vor der Nase.

Es hatte sich bequem auf seinen Hinterpfötchen niedergelassen, den buschigen Schwanz steil in die Höhe gestreckt, und mümmelte mit geradezu sagenhafter Geschwindigkeit in sich hinein, was es zu fassen bekam. Dabei drehten seine winzigen Händchen die Zapfen so flink zwischen den Krallen, daß wir mit den Blicken kaum zu folgen vermochten. Und kaum hatte es einen Zapfen verspeist, zog es mit den Vorderpfötchen schon den nächsten heran und knabberte ihn mit geschickten Bissen blitzschnell von den Fichtenzweigen.

Wie gebannt schauten wir beide zu, während das Eichhörnchen eine kahlgeknabberte Zapfenspindel nach der anderen zu Boden fallen ließ. Schließlich meinte Claus:

„Das hat ja einen unheimlichen Appetit; beinahe wie unser Meerschweinchen Maxi. Trotzdem möchte ich gern wissen, ob das wirklich unser Eichhörnchen aus dem Tal ist." Fragend sah er mich an.

Doch das konnte ich ihm auch nicht verraten. Die Fichtenzweige hingen ziemlich dicht. Und da das Eichhörnchen sich während seines Zapfenfrühstücks nicht von der Stelle rührte, ließen sich zwar sein Köpfchen mit den langen Pinselohren, sein buschig-roter Schwanz und seine flinken Vorderpfötchen über dem weißen Bauch erkennen, nicht aber seine Flanken. Dazu hätte es schon zum Sprung ansetzen müssen.

Eine Weile lang war nichts anderes zu hören als eine scheinbar unendliche Folge von Knuspergeräuschen. Dann wurde es Claus zu dumm. Er keckerte lauthals zu dem Eichhörnchen hinauf. Und das schien zu wirken.

Die Knuspergeräusche brachen plötzlich ab. Gar nicht weit von unseren Köpfen verfing sich eine einsam herab-

fallende Zapfenspindel zwischen den Zweigen. Gleich darauf ertönte ein langanhaltendes Gekecker.

„Na also, es antwortet!“ stellte Claus fest. „Es mußte wohl eben erst fertig frühstücken.“

Das schien einleuchtend. Nur dachte das Eichhörnchen gar nicht daran, die Unterhaltung fortzusetzen. Es hüpfte in seinem Fichtenwipfel hin und her, probierte mal diesen Zweig und mal jenen und sprang schließlich mit einem eleganten Satz zu einer der beiden großen Fichten, die unmittelbar vor unserer Terrasse standen. Und jetzt sahen wir auch ganz deutlich den großen hellgrauen Fleck.

„Es ist es!“ jubelte Claus. „Es hat den grauen Fleck! Es ist unser Eichhörnchen!“

Ich schüttelte unsicher den Kopf.

„Der Fleck ist auf der linken Seite, Claus. Das Eichhörnchen unten im Tal hatte ihn aber rechts.“

„Bist du ganz sicher?“ fragte Claus sichtlich enttäuscht.

„Ja“, bestätigte ich. „Ganz sicher.“

Claus überlegte einen Augenblick.

„Und wenn es nun auf beiden Seiten einen Fleck hat?“ wandte er ein.

Ich nickte.

„Möglich ist das schon, Claus. Dazu müßten wir aber auch seine rechte Seite sehen. Die hat es uns aber noch nicht gezeigt. Und selbst dann könnten wir es nicht genau wissen, denn bei dem Eichhörnchen im Tal haben wir ja die linke Seite gar nicht gesehen.“

Claus zog seine Stirn kraus.

„Du immer mit deinen Zweifeln“, brummelte er.

Für das Eichhörnchen über uns in der Fichte aber war das kein Problem. Es wußte sicher genau, ob es das Eichhörnchen aus dem Tal war. Und es fand unser Kopfzerbrechen darüber vermutlich reichlich albern.

„Ist ja auch egal", meinte Claus schließlich. „Ich finde es jedenfalls sehr nett."

Das fand ich auch. Trotzdem wurmte mich der Gedanke, daß wir dieses Rätsel wohl nie würden lösen können. Und fragen konnten wir das Eichhörnchen ja nicht. Manchmal ist es eben äußerst lästig, daß man mit Tieren nicht reden kann wie mit Menschen!

Genau in diesem Augenblick tat uns das Eichhörnchen den Gefallen, seine rechte Seite zu zeigen. Verblüfft sahen wir uns an. Da war tatsächlich ein Fleck, ein großer hellgrauer Fleck, wie bei dem Eichhörnchen im Tal. Und es keckerte uns auch so freundlich an.

Claus blickte fragend zu mir auf.

„Es ist es also doch! Oder?"

Der Zweifel in seiner Stimme war unüberhörbar. Er hätte wohl zu gern Gewißheit gehabt. Und ich natürlich auch.

„Wahrscheinlich", sagte ich nach einiger Überlegung. „So viele Eichhörnchen gibt es ja gar nicht mehr in unserer Gegend. Und daß zwei davon die gleichen hellgrauen Flecken auf der gleichen Stelle haben sollen und sich dann auch noch so ungewöhnlich zutraulich verhalten, ist wohl kaum denkbar."

Claus nickte strahlend.

„Manchmal bist du doch sehr klug", meinte er ernsthaft. „Ob es nun auch bei uns bleiben wird?"

Das war wieder so eine knifflige Frage. Ich erklärte ihm, daß Eichhörnchen sich immer dort aufhalten, wo sie ein reichliches Nahrungsangebot vorfinden. Und daß sie dort auch ihre Nester bauen, den sogenannten Eichhörnchenkobel. Doch ob das hier in unmittelbarer Nähe der Häuser ebenfalls zutraf, war höchst ungewiß.

„Siehst du denn hier irgendwo so einen Kobel?" fragte Claus interessiert.

Nun, bis jetzt hatte ich noch keinen entdeckt. Und diese bis zu fünfzig Zentimeter im Durchmesser großen und etwa dreißig Zentimeter hohen, aus Reisern und Moos in fünf bis fünfzehn Meter Höhe errichteten, runden Nester waren kaum zu übersehen, zumal bei unseren gerade halbwüchsigen Fichten. Hinzu kam, daß Eichhörnchen meist die Astgabeln alter Bäume in schattigen, hochstämmigen Wäldern oder Parks bevorzugen; allerdings auch leere Vogelnester, Starenkästen und Baumhöhlen. Unsere spärliche Baumgruppe im Garten aber eignete sich wohl noch nicht mal für ein Nebennest, das als Schutzversteck oder Schlafnest dienen könnte, geschweige denn für ein stabil gebautes Hauptnest, in dem der Nachwuchs großgezogen wird.

„Nein", antwortete ich deshalb. „Und ich glaube auch kaum, daß das Eichhörnchen sich hier niederlassen will. Dazu ist unser ‚Wald' wohl doch zu klein."

„Schade", murmelte Claus. „Aber zu futtern hat es hier doch genug."

Ich schüttelte bedenklich den Kopf. Was ein Eichhörnchen als genug empfand, galt als umstritten. In Sibirien hatte man beobachtet, daß ein einziges Eichhörnchen täglich hundertneunzig Fichtenzapfen knackte. Das erzählte ich dem staunenden Claus. Und auch, daß Eichhörnchen besonders gern Blüten und Früchte, Samen und Knospen und Triebe, aber auch die Rinde und den Saft der Bäume essen, vor allem jedoch von Nadelhölzern wie unseren Fichten. Und daß sie erst weiterwandern, wenn sie nichts mehr finden.

„Dann müssen wir eben für Futter sorgen!" erklärte Claus energisch.

In diesem Augenblick sagte Lona, die uns vermutlich schon eine ganze Weile, unbemerkt in der Terrassentür stehend, zugehört hatte:

„Wir können ihm dann ja ein paar Haselnüsse hinlegen. Eichhörnchen mögen Nüsse."

„Fabelhaft, Mama!" strahlte Claus begeistert. „Und es bekommt ein genauso feines Futterschüsselchen wie unser Meerschweinchen. Und natürlich wie Anja."

Das war immerhin eine Möglichkeit. Wie bei allen Lebewesen geht auch bei Eichhörnchen die Liebe durch den Magen. Vielleicht konnten wir es auf diese Weise an uns gewöhnen, zumindest für eine Weile. Nur, damit mußten wir gleich anfangen. Niemand konnte schließlich wissen, ob es überhaupt noch einmal wiederkam.

Aber bevor ich etwas sagen konnte, verschwand Lona in der Wohnung und kam kurz darauf mit einer Handvoll Haselnüsse zurück, die sie gleichmäßig unter der Fichte verteilte.

Das Eichhörnchen aber dachte gar nicht daran, sich für die Nüsse zu interessieren. Es hatte ja seine Fichtenzapfen. Und die mümmelte es ungerührt von unseren Überlegungen in sich hinein.

„Hmmm", brummte Claus. „Und was nun?"

Aber das wußten wir auch nicht. Und am Abend waren wir noch genauso schlau. Das Eichhörnchen war weg. Und die Nüsse lagen noch da.

Ein rotschwänziger Eindringling

Der nächste Morgen verlief anfangs wie immer. Claus war noch in der Schule. Lona war zu Besorgungen in die Stadt gefahren. Und ich saß in meinem Arbeitszimmer an der Schreibmaschine.

Das Wetter war schön geblieben, die Terrassentüren standen offen, und Anja, unsere Eurasierhündin, lag im Schatten der Ligusterhecke auf der Terrasse und döste. Sie war ein ausgesprochen friedfertiges Wesen und durch die vierbeinigen und geflügelten Mitbewohner in unserem Haus und Garten an Tiere gewöhnt.

Plötzlich hörte ich draußen ein deutlich vernehmbares Wuff. Was gab es? Dieses freundlich-verhaltene Wuff benutzte Anja eigentlich nur, wenn sie uns sanft auf etwas irgendwie Bemerkenswertes aufmerksam machen wollte.

Gespannt betrat ich die Terrasse. Anja lag noch genau wie vorher neben der Ligusterhecke. Nur ihren Kopf hatte sie gehoben und leicht schief gelegt, wie es ihre Art war, wenn sie etwas beobachtete. Doch auf der Terrasse war nirgends etwas zu sehen.

„Na, was ist, Anja?" fragte ich und kraulte ihr die pelzigen Ohren, was sie ganz besonders schätzte.

„Wuff!" machte Anja leicht ungeduldig.

Da war also etwas, das mir bis jetzt entgangen war; sonst pflegte Anja beim Kraulen nicht zu wuffen.

Mit einemmal hörte ich seitlich über mir im Wipfel der Fichte das Knacken eines Zweiges. Doch bevor ich

aufblicken konnte, flitzte etwas Rotschwänziges zu den gestern von Lona am Fuß des Fichtenstammes verteilten Haselnüssen, grapschte sich eine und sauste wie ein geölter Blitz wieder den Stamm hinauf zu einem der untersten Zweige, wo es sich gemütlich niederließ.

Anja hatte sich indessen nicht gerührt und auch nicht gewufft. Offenbar war ihr dieses possierliche Tierchen schon vertraut. Und das wunderte mich, denn sie war, da sie Lona begleitet hatte, weder bei unserer ersten Begegnung im Tal dabeigewesen noch gestern. Dafür gab es eigentlich nur eine Erklärung. Anja mußte das Eichhörnchen schon von der Terrasse aus beobachtet haben, bevor Claus es gestern entdeckte. Und das konnte nur bedeuten, daß unser Eichhörnchen sich hier schon öfter sein Fichtenzapfenfrühstück geholt haben mußte. Vermutlich hatte Anja sogar gewufft, ohne daß einer von uns darauf geachtet hatte.

Nun, Claus würde sich freuen. Denn das hieß ja nichts anderes, als daß unser Eichhörnchen bereits eine Art Stammgast war, der sich auch an Anja nicht störte. Und offensichtlich auch nicht an mir, sonst hätte es sich wohl kaum die nur knapp drei Meter von uns entfernte Haselnuß vom Boden geholt.

Es mußte also recht schnell erkannt haben, daß diese beiden riesigen Wesen auf der Terrasse ihm nicht gefährlich werden konnten. Sich bedroht fühlende Eichhörnchen achten nämlich sehr darauf, in Deckung zu bleiben, schmiegen sich dicht in eine Astgabel und können sich dort stundenlang ruhig verhalten, bis die Gefahr vorüber ist. Unser Eichhörnchen mit den deutlich erkennbaren großen grauen Flecken an den Flanken aber benahm sich so, als gehöre es gewissermaßen zur Familie. Und was das wichtigste war: Es hatte unsere Haselnüsse angenommen.

Höchst zufrieden mit diesem Ergebnis ging ich zurück an meine Schreibmaschine, um meine unterbrochene Arbeit wiederaufzunehmen. Die beiden draußen auf der Terrasse konnte ich ruhig allein lassen. Das Eichhörnchen war versorgt. Und Anja würde ihm bestimmt nichts tun. Im Gegenteil, sie konnte stundenlang aufmerksam zuschauen, wenn es etwas besonders Interessantes zu sehen gab. Und das Eichhörnchen fand sie offenbar sehr interessant.

Lange jedoch blieb ich nicht ungestört. Aus dem Wohnzimmer drangen laute, aufgeregte Stimmen. Lona und Claus waren aus der Stadt nach Hause gekommen und veranstalteten einen ungewöhnlichen Lärm. Irgend etwas mußte da passiert sein.

In diesem Augenblick wurde die Tür aufgerissen.

„Das Eichhörnchen!“ verkündete Claus strahlend. „Es ist wieder da!“

Ich nickte.

„Das weiß ich schon, Claus. Aber warum macht ihr dann solchen Spektakel? Damit verscheucht ihr es doch bloß.“

Claus grinste verschmitzt.

„Ach wo. Das fühlt sich bei uns sehr wohl.“

Plötzlich tauchte Lona hinter Claus in der Tür auf.

„Das kann man wohl sagen“, erklärte sie leicht gereizt.

„Jetzt sitzt es auf der Ballonlampe und schaukelt sich. Als wir hereinkamen, sah ich etwas auf dem Boden herumwuseln und schnell unter der Couch verschwinden. Erst dachte ich, unser Meerschweinchen sei aus unerfindlichen Gründen aus seinem Käfig ausgebüxt, und ich hatte schon Angst. Aber dann hopste etwas Rotes auf die Couch und dann auf die Lampe. Und da sah ich, was es war. Hast du es vielleicht in die Wohnung geschleppt?"

Energisch schüttelte ich den Kopf.

„Ich verschleppe keine Tiere. Das weißt du genau."

„Hmmm", machte sie. „Und wie ist es dann ins Wohnzimmer gekommen?"

„Vermutlich durch die offene Terrassentür", grinste ich. „Geklingelt hat es jedenfalls nicht."

Lona warf mir einen vieldeutigen Blick zu.

„Sehr schlau!" fauchte sie mit komischem Ernst. „Dabei hat Anja die ganze Zeit draußen gelegen. Sie kam erst herein, als sie unsere Stimmen hörte. Wahrscheinlich hat die alte Schlafmütze wieder mal gedöst."

„Hat sie nicht!" protestierte ich. „Sie hatte wohl nur nichts dagegen, daß unser Besucher auch die Wohnung inspizierte. Anja mag Eichhörnchen."

Claus nickte eifrig.

„Das stimmt. Als das Eichhörnchen auf die Lampe hüpfte, hat Anja begeistert mit dem Schwanz gewedelt."

Lona mußte lachen.

„Na ja", meinte sie versöhnlich. „In diesem verrückten Haushalt gibt es sowieso schon zu viele Tiere, die nur Unfug treiben. Da kommt es auf eins mehr auch nicht an."

Für Claus war das offenbar eine Art Stichwort.

„Und wir werden es Pinsi nennen!" erklärte er bestimmt.

„Wieso Pinsi?" fragte Lona verblüfft.

„Na, weil es immer so lustig mit seinem Schwanz herumpinselt!"

Das war zweifellos eine stichhaltige Begründung. Dagegen war nichts einzuwenden.

„Aber im Wohnzimmer kann es nicht bleiben", forderte Lona besorgt. „Das würde eine Menge Probleme geben."

Nun, diese Probleme waren leicht auszumalen. Doch im Moment waren wir alle ratlos. Schließlich konnte keiner von uns auf der riesigen, mit Chinapapier überzogenen

Ballonlampe herumturnen; dafür waren wir alle miteinander ziemlich ungeeignet.

Plötzlich kam Anja gravitätisch in die Türöffnung stolziert und machte: „Wuff!“

„Nanu?“ murmelte Claus stirnrunzelnd.

Wie auf Kommando eilten wir alle drei ins Wohnzimmer. Und Anja natürlich hinterher. Die Lampe schaukelte noch ein wenig, doch das Eichhörnchen war weg. Und es war auch sonst nirgends in der Wohnung zu entdecken.

„Nun such mal schön, Anja", sagte Lona und blickte sich suchend nach ihr um.

Aber auch Anja war inzwischen verschwunden. Vermutlich hatte sie bereits eine Spur.

„Die Terrasse!" meinte Claus und stürmte hinaus.

Wir folgten ihm. Und da lag Anja auf ihrem Stammplatz neben der Ligusterhecke, die Vorderpfoten sorgsam nebeneinandergelegt, und blickte mit schiefgelegtem Kopf auf das Eichhörnchen, das sich gerade wieder eine von Lonas Haselnüssen vom Boden holte.

„Anja mag wirklich Eichhörnchen", stellte Lona erleichtert fest.

Und dann beobachteten wir, was Pinsi da oben schräg über unseren Köpfen auf einem der untersten Äste seiner Lieblingsfichte trieb. Das allerdings war aufregend genug. Die Nüsse waren nämlich nicht geschält. Und wir waren sehr neugierig, wie Pinsi das anstellen würde.

Doch das Eichhörnchen kannte sich mit Haselnüssen genauso gut aus wie mit Fichtenzapfen. Offenbar hatte es in seinem jungen Leben bereits genug Erfahrungen gesammelt. Unerfahrene Eichhörnchen nagen nämlich an jedem nußgroßen Gegenstand herum, sogar an Glasmurmeln und Holzklötzchen. Doch sie lernen ziemlich schnell, Eßbares von Ungenießbarem zu unterscheiden, und lassen selbst taube und wurmige Nüsse nach kurzem Beschnuppern liegen. Die Nuß, die unser Eichhörnchen sich geholt hatte, mußte folglich in Ordnung sein.

Es saß bequem auf seinen Hinterpfötchen, den buschigen Schwanz steil aufgerichtet, und hielt die Nuß in seinen beiden Händen. Dabei benutzte es die beiden oberen Nagezähne gewissermaßen als Zange, während es mit den unteren Nagezähnen ein Loch in die Schale nagte. Es dauerte eine ganze Weile, bis das Loch groß genug war, um die unteren Nagezähne hineinzustecken und die Schale aufsprengen zu können. Endlich aber war es geschafft. Und mit sichtlichem Behagen genoß Pinsi seine Nuß.

„Das ist ja ein richtiger Nußknacker!“ sagte Claus anerkennend. „So was müßte man auch können.“

Damit hatte er zweifellos recht. Das war wirklich eine bewundernswürdige Fähigkeit, die viel Geschick, Geduld und Mühe erforderte, aber natürlich auch ein dazu geeignetes Gebiß. Und das hatten wir eben nicht. Dem Eichhörnchen allerdings waren unsere tiefsinnigen Betrachtungen ziemlich egal. Es holte sich noch eine Nuß und noch eine, bis nur noch eine einzige übrigblieb. Die ließ es liegen und hüpfte mit munteren Sprüngen durch die Fichtenwipfel davon.

Als wir die verschmähte Nuß später etwas genauer untersuchten, entdeckten wir in ihr einen dicken Wurm.

Sonderbare Sitten

Zwei Tage lang hatte es in Strömen geregnet. Keiner von uns hatte in der Zwischenzeit Pinsi zu sehen bekommen. Vermutlich mögen Eichhörnchen keinen Regen und verkriechen sich bei Nässe in ihre Kobel, damit sie nicht naß werden. Jedenfalls konnte ich Claus' neugierige Fragen nach Pinsis Verbleib nicht eindeutig beantworten. Besonders Lona, die über unseren rotschwänzigen Besucher zwar schon ganze Romane gehört, ihn aber nur zweimal kurz gesehen hatte, bedauerte das sehr.

Immerhin schien seit Mittag endlich wieder die Sonne. Die Terrassenfliesen waren bereits abgetrocknet. Und Lona hatte unter Pinsis Lieblingsfichte einen großen Haufen Haselnüsse hingelegt. Doch Pinsi ließ sich nicht blikken. Und enttäuscht und widerwillig machte Lona sich an ihre Hausarbeit.

Als ich kurz darauf vom Briefkasten zurückkam, lagen die Haselnüsse nicht mehr unbeachtet unter der Fichte: Aber nicht das Eichhörnchen vergnügte sich mit unseren Haselnüssen, sondern Anja. Sie tobte munter wie ein junges Füllen auf der Terrasse herum und warf dabei kleinere Gegenstände in die Luft, die sie hochspringend geschickt wieder auffing.

Dieses Spielchen kannten wir schon. So etwas machte Anja mitunter mit ihrem Kringelfutter, schnappte es aus ihrer Eßschüssel und schleuderte es mit einem geschickten Kopfschnicken oft so hoch, daß wir die Kringel von

Tischen und Schränken, von Bücherregalen und aus den Ritzen der Polstermöbel aufsammeln mußten. Nun aber hatte Anja entdeckt, daß sich dieses Spielchen auch mit Haselnüssen treiben ließ. Und das machte ihr offensichtlich großen Spaß. Der Haufen unter der Fichte war schon sehr viel kleiner geworden. Und überall auf der Terrasse lagen weithin verstreut Pinsis Haselnüsse herum.

Auch durch mein Auftauchen ließ Anja sich nicht im geringsten stören. Im Gegenteil. Begeistert schnickte sie mir eine Haselnuß vor den Bauch und wuffte energisch, um mich aufzufordern, sie ihr wieder zuzuwerfen. Sie meinte offenbar, daß die Haselnüsse ihr als rechtmäßiges Spielzeug zustünden, wenn sich sonst niemand dafür interessierte.

Lona, die, durch Anjas Gewuffe alarmiert, plötzlich durch die Terrassentür trat, war jedoch anderer Meinung.

„Pfui, Anja!“ rief sie ärgerlich. „Laß gefälligst die Nüsse liegen!“

Anja stutzte – und knallte Lona fröhlich wuffend eine Haselnuß an den Kopf.

Das war zuviel für Lona. Mit raschen Schritten trat sie auf Anja zu, packte sie beim Halsband und setzte sie energisch auf ihren Lieblingsplatz neben der Ligusterhecke.

„So, du dickpelziges Ungeheuer!“ fauchte sie empört. „Jetzt bleibst du hier sitzen! Mit deinem Unfug vertreibst du nur das Eichhörnchen!“

Anja legte beleidigt die Schnauze auf die Vorderpfoten.

In diesem Moment kam Claus auf die Terrasse.

„Gar kein Unfug!“ verkündete er grinsend. „Anja vertreibt überhaupt niemanden. Das Eichhörnchen sitzt oben im Baum und lacht sich einen Ast."

Es saß tatsächlich trotz der Vorgänge auf der Terrasse ungerührt oben im Wipfel der Fichte und knabberte eifrig an einem Fichtenzapfen. Vor lauter Aufregung über Anjas Spielereien hatte es keiner von uns bemerkt.

Lona holte tief Luft. Dann glitt ein Lächeln über ihr Gesicht, als sie zu dem Eichhörnchen hinaufblickte, das sich gerade wieder einen Fichtenzapfen heranzog und geschickt von dem Zweig abbiß.

„Na endlich!" sagte sie strahlend. „Und es ist richtig süß."

„Pah!“ machte Claus. „Süß! So ein Blödsinn! Niedlich ist es!“

Aber Lona hatte jetzt keine Lust, sich mit ihrem vorlauten Sohn herumzustreiten. Sie fand das Eichhörnchen viel interessanter. Fast andächtig schaute sie zu, wie Pinsi plötzlich die leergenagte Fichtenspindel fallen ließ und neugierig zu ihr hinunterlugte.

Dieses schlanke, langhaarige Wesen kannte es noch nicht. Aber nach kurzer aufmerksamer Prüfung schien es mit Lona einverstanden. Es keckerte laut und flitzte ein paarmal den Fichtenstamm hinauf und hinunter, wobei es die scharfen Krallen seiner Vorder- und Hinterpfoten stoßweise in die Rinde schlug. Dann balancierte es flink über einen schwankenden Zweig und sprang gewandt in den Wipfel der Nachbarfichte.

„Wie eine rotschwänzige Rakete“, murmelte Claus beeindruckt.

Lona schwieg lächelnd. Sie hatte, als wir ihr von unserem zutraulichen Besucher berichteten, alles gelesen, was sie über Eichhörnchen fand. Und sie wußte, daß der Eichhörnchenschwanz bei Sprüngen durch die Luft tatsächlich als Steuer diente.

Für ein Eichhörnchen, dessen ganzes Leben sich fast ausschließlich in den Baumkronen abspielt, ist der Schwanz überhaupt von großer Bedeutung. Und er dient nicht nur als Balancierstange beim Klettern, sondern beim Schlafen auch als wärmende Bettdecke und bei der Balz als Ausdruckssignal für den Partner. Der Schwanz ist also ein sehr vielseitig verwendbarer Körperteil. Und wenn er durch ein Mißgeschick beschädigt wird, ist das Eichhörnchen ziemlich hilflos.

Pinsi jedoch erfreute sich bester Gesundheit. Vergnügt keckernd saß es in seiner Fichte und schien wieder mal nicht einsehen zu wollen, warum niemand ihm in den Baumwipfel folgte, um mit ihm zu spielen.

„Schade, daß es sich heute keine Nüsse holt", sagte Lona nach einer Weile. „Ich hätte es gern etwas mehr aus der Nähe betrachtet. Aber vermutlich mag es keine Nüsse, an denen Anja vorher herumgeschleckt hat."

Fragend blickte Lona mich an.

„Möglich", sagte ich unsicher. „Warten wir es ab."

Trotzdem sollte Lonas Wunsch schneller in Erfüllung gehen als gedacht. Zwei Stunden später hörten wir Lonas Stimme aus der Küche:

„Kommt schnell her! Das ist ganz verrückt hier. Aber leise!"

Uns bot sich ein idyllisches Bild: Maxi, das Meerschweinchen, hockte in seinem Käfig und mümmelte an einem Salatblatt. Anja lag mitten in der Küche, drehte dem Meerschweinchen uninteressiert ihr Hinterteil zu und starrte aufmerksam in den großen flachen Holzkasten unserer Schildkröte Line, die ebenfalls frische Salatblätter bekommen hatte. Doch nicht die Schildkröte beschäftigte sich mit dem Salat, sondern – Pinsi, das Eichhörnchen. Ohne große Eile verspeiste es gerade eine kleine schwarze Gartenschnecke.

„Das ist wirklich verrückt", murmelte Lona leise. „Und ich dachte immer, Eichhörnchen seien Vegetarier."

Doch zur Erörterung dieses Problems blieb keine Zeit. Pinsi hatte sich wohl inzwischen überzeugt, daß in dem Salat keine Schnecke mehr zu holen war, und hüpfte mit einem eleganten Satz auf den Küchentisch. Dort putzte es sich kurz den Schnurrbart und betrachtete uns dann der Reihe nach sehr aufmerksam.

„Ich glaube, wir sollten jetzt die Küche räumen, damit Pinsi wieder hinaus kann", forderte ich die anderen auf. „Und die Anja nehmen wir am besten mit."

Lona nickte zustimmend und meinte dann mit nachdenklicher Miene:

„Ich habe es genau beobachtet. Es ist überhaupt nicht scheu. Und da habe ich gesehen, daß es an den Vorderpfötchen vier Finger hat wie unser Meerschweinchen, aber an den Hinterpfötchen nicht drei Zehen, sondern fünf – genau wie wir. Dabei sind doch beides Nagetiere."

„Das muß ich sehen!" rief Claus ungläubig und kehrte in die Küche zurück, kam jedoch gleich darauf wieder und verkündete atemlos: „Pinsi ist weg!"

„Wieso weg?" wollte Lona wissen. „Eben hat es doch noch auf dem Küchentisch gesessen."

„Und jetzt ist es eben weg!" beharrte Claus.

Also begaben wir uns auf die Suche. Nirgends konnten wir etwas Rotschwänziges entdecken, auch auf der Gardinenstange nicht.

„Sicher ist es draußen auf der Terrasse bei seinen Nüssen", meinte Lona. „Oder in seiner Lieblingsfichte."

Doch dort war es auch nicht. Wir suchten den ganzen Garten ab, auch die Fichtenwipfel zum Nachbargrundstück und alle übrigen Bäume. Ohne Ergebnis.

„Schade", murmelte Claus. „Ich hätte zu gern gewußt, ob Mama recht hat."

„Dann guck es dir eben bei seinem nächsten Besuch an", tröstete ich ihn.

Lona schüttelte beunruhigt den Kopf.

„Mich interessiert viel mehr, wohin es so schnell verschwunden ist. Doch vermutlich werden wir das nie erfahren."

Aber hier irrte Lona.

Nächtlicher Spuk

Es wurde Abend. Pinsi war noch immer nicht wieder aufgetaucht. Nur seine Nüsse lagen einsam auf der Terrasse. Und Lona hatte einige Mühe, Anja davon abzuhalten, Pinsis Haselnüsse als Spielzeug zu benutzen – bis es Claus zuviel wurde. Er protestierte.

„Nun laß doch die Anja mit den Nüssen spielen, wenn Pinsi sie nicht haben will!“ schimpfte er. „Ich habe es auch nicht gern, wenn mir jemand etwas wegnimmt.“

„Es sind aber Pinsis Nüsse!“ wandte Lona ein.

Claus schüttelte energisch den Kopf.

„Es sind einfach Nüsse!" behauptete er. „Und jetzt spielt eben Anja damit. Du kannst ja für Pinsi neue hinlegen."

Lona betrachtete ihren Sohn eine Weile nachdenklich und meinte dann:

„Na schön, Claus, das ist gar keine so schlechte Idee."

„Eben", grinste Claus verschmitzt.

Und Lona sagte ergeben:

„Nun komm, Anja. Spiel schön weiter."

Doch jetzt hatte Anja keine Lust mehr. Sie legte sich mitten zwischen die Haselnüsse und beobachtete interessiert, wie eine Amsel versuchte, einen fetten Regenwurm aus einem Spalt zwischen den Terrassenfliesen zu ziehen. Dabei hielt sie ihren dickpelzigen Hundekopf leicht schief und ließ ihre blaurosa gefleckte Zunge seitlich über ihr Wolfsgebiß heraushängen. Das wirkte sehr gefährlich, war es aber nicht. Im Gegenteil. Anja mochte Amseln. Und auf Regenwürmer war sie nicht futterneidisch.

„Verrückte Gesellschaft", murmelte Lona stirnrunzelnd und verschwand im Haus.

Inzwischen war es kühl geworden, und die Terrassentüren wurden geschlossen.

In der Nacht weckte mich etwa um die Geisterstunde ein sonderbares Geräusch. Aber das regte mich nicht weiter auf. Nächtliche Geräusche waren wir schließlich gewöhnt. Anja pflegte mitunter nachts geheimnisvolle Spaziergänge zu unternehmen, ohne einen für uns ersichtlichen Grund. Und da alle Zimmertüren offenstanden, wanderte sie oft durch die ganze Wohnung, wobei sie sich mit ihren träge tapsenden Pfoten anhörte, als hätten wir mindestens ein Elefantenbaby zu Besuch. Und auch das Meerschweinchen rumorte gelegentlich in seinem Käfig herum, nuckelte scheppernd an seinem Wasserbehälter, rappelte mit den metallenen Gitterstäben und quiekte lautstark durch die Nacht, was wiederum Anja dazu veranlaßte, die Ursache des Lärms zu besichtigen.

Das alles hörten wir zwar, nahmen es aber kaum noch zur Kenntnis. Wer mit Tieren leben will, muß ihre Lebensäußerungen ertragen, selbst wenn diese sich etwas ruhestörend auswirken.

In dieser Nacht aber war es irgendwie anders. Es schien, als hätten sich sämtliche vierbeinigen Mitbewohner zu gemeinsamer Geräuscherzeugung verabredet. Anja tapste, das Meerschweinchen quiekte, die Schildkröte knallte ihren harten Panzer gegen den Holzkasten, und irgendwer polterte mit irgend etwas herum.

Wer aber von dieser Gesellschaft polterte da mitten in der Nacht? Das zumindest war neu. Ich wurde hellhörig und wälzte mich nicht gerade entzückt aus dem Bett. Gerade als ich nach meinen Hausschuhen angelte, krachte mit Donnergetöse etwas auf den Fußboden. Erschrocken sprang ich auf.

Fast im gleichen Augenblick kam Claus ins Zimmer getappt und rieb sich verschlafen die Augen.

„Was ist denn das für ein Krach hier?“ fragte er unwirsch.

„Ich wollte gerade nachsehen“, meinte ich.

Lona wollte Claus eben wieder ins Bett schicken, als ein merkwürdiges Scheppern durch die Nacht hallte. Und dieses Scheppern kam eindeutig aus der Küche.

Nun war Claus nicht mehr zu halten, und wir schlichen vorsichtig und möglichst geräuschlos in Richtung Küche. Da der Vollmond hell durch die Gardinen schien, brauchten wir kein Licht zu machen, was den Störenfried möglicherweise vertrieben hätte.

Mit einemmal hörten wir ein Geräusch, eine Mischung aus Knuspern und Knabbern. Es kam oben vom Küchenbord, wo neben Töpfen und anderen Gefäßen auch sonst allerhand Nützliches herumstand. Da oben wurde geknabbert. Und da bewegte sich auch etwas, etwas kleines Zierliches mit einem gespenstischen Schatten, das sich höchst ungeniert über die Zwiebacktüte hermachte.

„Pinsi!“ rief Claus begeistert und bestätigte damit meine Vermutungen.

Als Begrüßung ließ unser nächtlicher Besucher nun die Zwiebacktüte ins Rutschen kommen, so daß diese ziemlich geräuschvoll zu Boden plumpste. Dann hüpfte er vom Bord auf die Lampe und von dort auf den Schrank.

Plötzlich stand Lona ebenfalls in der Küche und blickte sich suchend um. Dabei entdeckte sie neben der geplatzten Zwiebacktüte eine blecherne Plätzchendose und einen zertrümmerten irdenen Mustopf. Das also hatte gerumst und gescheppert. Die Geräusche waren aufgeklärt.

„Und wer war das?“ wollte Lona wissen.

Ich zeigte auf den Schrank, wo Pinsi immer noch hockte und uns neugierig betrachtete.

„Dieses Nachtgespenst dort oben", sagte ich grinsend.
Aber Lona fand das weniger komisch.
„Das ist ja eine entzückende Bescherung", murrte sie und begann seufzend, die Trümmer wegzuräumen. „Immerhin wissen wir nun, wohin Pinsi gestern so schnell verschwunden ist."
Claus schüttelte etwas ratlos den Kopf.
„Trotzdem verstehe ich das nicht", meinte er. „Ich

dachte immer, Eichhörnchen seien keine Nachttiere und würden um diese Zeit schlafen."

„Das tun sie auch", antwortete ich nachdenklich. „Jedenfalls für gewöhnlich. Aber hier ist heute alles ungewöhnlich. Pinsi fand es gestern in unserer Wohnung offensichtlich interessanter, als wir annahmen. Als dann die Terrassentüren geschlossen wurden, konnte das arme Tierchen nicht zu seinem Kobel zurück und fühlte sich eingesperrt. Vermutlich bekam es dann Hunger und begann herumzurumoren. Und da der Mond sehr hell schien, wurde für Pinsi die Nacht gewissermaßen zum Tage, was dann auch alle anderen Mitbewohner rebellisch machte. Da hast du die Erklärung."

Lona schloß den Müllkübel.

„Und was nun?" fragte sie besorgt. „Soll der Spektakel vielleicht die ganze Nacht so weitergehen?"

Darauf wußte ich keine Antwort. Das Eichhörnchen hockte nach wie vor auf dem Küchenschrank, putzte sich sorgfältig sein kleines Schnäuzchen und den stattlichen Schnurrbart und ließ sich weder durch Schnalzen und Keckern noch durch freundlich angebotene Haselnüsse von seinem luftigen Sitz herunterlocken. Und mit Besen und sonstigen langstieligen Gegenständen mochten wir ihm nicht zu Leibe rücken. So blieb Pinsi für den Rest der Nacht unser Gast, und zwar ein ziemlich geräuschvoller. Erst am frühen Morgen, als wir einladend die Terrassentüren öffneten, flitzte unser rotschwänziger Nachtbesucher nach einer ausgiebigen Rundreise durch die ganze Wohnung hinaus in den Garten.

„Ob wir Pinsi wohl jemals wiedersehen?“ fragte Claus beunruhigt.

„Abwarten“, sagte Lona mit einem mehrdeutigen Lächeln. „Von nächtlichem Spektakel habe ich jedenfalls genug.“

Allerlei Aufregungen

Claus' Befürchtungen erwiesen sich als überflüssig. Pinsi hatte sich trotz des mehr oder weniger unfreiwilligen Nachtaufenthalts in unserer Wohnung offenbar doch sehr wohl gefühlt. Schon am Mittag desselben Tages hörten wir im Fichtenwipfel neben der Terrasse sein vergnügtes Kekkern. Kurz darauf war auch seine Portion Haselnüsse verschwunden, und zwar direkt vor Anjas Nase. Und Anja hatte nicht ein einziges Mal gewufft. Für sie gehörte Pinsi ganz offensichtlich zur Familie.

Und Pinsi empfand das vermutlich genauso. In der nächsten Zeit verging kaum ein Tag, an dem Pinsi nicht auftauchte und mit größter Selbstverständlichkeit über die Terrasse in die Wohnung spazierte. Nur bei Regenwetter verschlief unser Eichhörnchen auch den Tag in seinem Kobel, den wir inzwischen ausfindig gemacht hatten.

Nur knapp fünfzig Meter vom Haus entfernt stand am Straßenrand eine riesige Buche, die Pinsi immer wieder ansteuerte und dort verschwand. Und dort entdeckte ich schließlich mit dem Fernglas sein Nest, das in zwölf Meter Höhe geschickt in eine Astgabel hineingebaut worden war. Weit war es also nicht bis zu unserer Wohnung. Und wir fragten uns natürlich, ob Pinsi sich eben wegen dieser Nähe zu unserem Haus sein Nest dort angelegt hatte. Oder waren es nur die reichlich mit Zapfen behangenen Wipfel unserer Fichten? Vielleicht stimmte beides. Und fragen konnten wir Pinsi ja nicht.

Dafür gab Pinsi uns auf andere Weise Antwort. Zwar hörten wir immer wieder mal sein Knuspern und Keckern in den Fichten, doch sein Interesse galt ganz eindeutig unserer Wohnung. Und besonders natürlich ihren Bewohnern. Vor allem Claus, der ja über die meiste Zeit verfügte, schien es ihm angetan zu haben.

Inzwischen hatte unser Eichhörnchen seine anfängliche Scheu fast völlig abgelegt. Und eines Tages, als Claus ihn seine Portion Haselnüsse aus der Hand futtern ließ, kletterte Pinsi ihm dreist auf die Schulter und ließ sich vergnügt schnalzend durch die Wohnung spazierentragen. So standen die beiden plötzlich in der Tür zu meinem Arbeitszimmer.

„Guck mal!" verkündete Claus freudestrahlend. „Pinsi benutzt mich als Reitpferd."

Ich war ehrlich verblüfft. Wir wußten zwar, daß Pinsi noch nicht sehr alt sein konnte, doch im allgemeinen werden nur sehr junge Tiere so handzahm, vor allem dann, wenn man sie selbst aufgezogen hat. Das aber traf auf unser Eichhörnchen nicht zu. Pinsi machte mit uns also eindeutig eine Ausnahme.

Doch das mußte ich selbst ausprobieren. Vorsichtig streckte ich meine Hand hin. Und Pinsi nahm meine Hand, beschnupperte sie ausgiebig und ließ sich dann ohne Widerstand anfassen, wobei ich mir das Tierchen eingehend betrachten konnte. Dabei machte ich eine interessante Feststellung.

„Pinsi ist ein Knabe", erklärte ich sachverständig.

„Mmhmm", meinte Claus und schnalzte energisch, was

Pinsi auch sofort als Einladung auffaßte, und dann verschwanden beide Knaben aus meinem Zimmer.

Allerdings währte meine Ruhe nicht lange. Plötzlich hörte ich aus dem Wohnzimmer ein lautstarkes Getöse. Irgend etwas knallte dröhnend auf den Fußboden. Anja wuffte ärgerlich. Und Claus brüllte:

„Pinsi! Komm da herunter!“

Seufzend erhob ich mich von meinem Schreibtisch, um draußen nachzusehen. Im Wohnzimmer herrschte ein mittleres Chaos. Die Ballonlampe schaukelte hin und her wie eine Schiffschaukel. Die große Keramikblumenvase, die vorher mit einem Feldblumenstrauß auf dem Tisch gestanden hatte, lag umgekippt auf dem Boden. Daneben hockte Anja mit durchnäßtem Hinterteil und blickte mißmutig auf ihren mit bunten Blüten übersäten Schwanz. Claus war gerade damit beschäftigt, seinen klatschnassen rechten Schuh auszuziehen. Und Pinsi saß oben auf der Gardinenstange und keckerte – wohl um die beiden aufzufordern, ihm auf die Gardinenstange zu folgen.

„Was ist denn hier los?“ erkundigte ich mich.

„Nichts!“ erklärte Claus unbefangen. „Oder fast nichts. Wir haben nur ein bißchen miteinander gespielt. Und da ist Pinsi auf die Lampe gesprungen, was er ja eigentlich nicht soll, weil die Lampe sonst lauter kleine Krallenlöcher kriegt. Aber natürlich hat er nicht gehört, als ich ihn rief. Und als ich auf den Tisch kletterte, um ihn zu verscheuchen, ist die Vase umgekippt und mir auf den Schuh und der Anja auf den Schwanz gefallen.“

Mühsam ein Grinsen unterdrückend, hob ich die Vase

auf, füllte sie in der Küche mit Wasser und stellte die Blumen wieder hinein. Alles andere würde von selber trocknen. Nur Anjas blütenbunter Schwanz würde Spuren hinterlassen.

„Hmmm", machte ich betont ernsthaft. „Könntet ihr eure Spiele nicht nach draußen verlegen?"

Claus nickte.

„Natürlich. Wenn Pinsi Lust dazu hat."

Aber Pinsi hatte natürlich keine Lust. Gemütlich blieb er hoch oben auf der Gardinenstange auf seinem buschigen Schwanz sitzen und guckte aus seinen munteren dunklen Augen neugierig herunter. Vermutlich wartete er auf etwas.

Plötzlich hatte Claus einen Einfall. Wortlos verschwand er in der Küche und kam kurz darauf schmunzelnd zurück – in der Hand zwei Stück Zwieback. Den einen hielt er Anja hin, die sich sofort schwanzwedelnd darüberstürzte, den anderen hob er einladend Pinsi entgegen. Und der Trick klappte tatsächlich.

Anjas laut schmatzende Kaugeräusche mußten wohl Pinsis Appetit angeregt haben. Flink sauste er kopfüber den Vorhang hinunter, sprang über einen im Weg stehenden Sessel hinweg und holte sich ebenfalls seinen Zwieback aus Claus' Hand. Daß Anja ihn dabei mit schiefgelegtem Kopf ein bißchen futterneidisch musterte, schien ihn wenig zu stören. Offenbar wußte er genau, daß er sich auf Anjas Gutmütigkeit verlassen konnte.

Sie wedelte auch nur mit dem Schwanz und warf Claus einen herzzerreißend bettelnden Blick zu. Doch Zwieback gab es nicht mehr. Claus hatte sein Ziel erreicht. Pinsi hüpfte ihm vertraulich auf die Schulter und ließ sich hinaustragen. Und Anja trottete folgsam hinterher.

Befriedigt zog ich mich in mein Arbeitszimmer zurück.

Nach einer Weile drang ein eigenartiges Rumoren zu mir, dann ein helltönendes Quieken. Das war eindeutig Maxi, das Meerschweinchen. Diese Quiekerei mußte einen besonderen Grund haben. Ich beschloß, vorsichtshalber einmal nachzusehen.

Aber schon während ich mich erhob, verstummte das Quieken. Und als ich in die Küche kam, bot sich mir ein reizendes Idyll. Claus hatte das Meerschweinchen aus seinem Käfig geholt und es sich auf den Schoß gesetzt. Pinsi hockte auf Claus' Schulter und Anja vor ihm auf ihrem Hinterteil. Und während Claus mit der linken Hand das Meerschweinchen streichelte, fütterte er abwechselnd Pinsi und Anja aus der Zwiebackdose. Alle vier machten einen äußerst zufriedenen Eindruck.

„Na?“ meinte Claus über die Schulter hinweg. „Hast du nun endlich Ruhe zum Arbeiten? Jetzt sind doch wirklich alle friedlich.“

Doch bevor ich antworten konnte, war es mit Pinsis Friedlichkeit vorbei. Plötzlich hüpfte er von Claus' Schulter auf den Küchentisch, von dort auf meinen Rücken und von da durch die offene Tür zurück ins Wohnzimmer, wo ein heftiges Poltern ankündigte, daß Pinsi wieder einmal mit harten Gegenständen warf. Anja sauste wie der Blitz hinterher. Und Claus samt Meerschweinchen und ich folgten ebenfalls.

Im ersten Moment war von Pinsi keine Spur zu entdekken, außer einem aus dem Bücherregal gestürzten Buch am Fußboden. Dann sahen wir hinter den Büchern auf dem Regal das Ende eines buschig-roten Schwanzes und hörten ein Knuspern und Knabbern. Jetzt wurde mir verschiedenes klar.

Vorsichtig, um Pinsi nicht zu erschrecken, kletterte ich über die an der Wand stehende Couch zu dem Regal. Pinsi faßte das offenbar als Spiel auf und keckerte vergnügt: Endlich einmal folgte ihm eines dieser riesigen zweibeinigen Wesen in seine luftige Höhe. Nur, spielen wollte ich eigentlich nicht, ich suchte etwas. Und ich fand es auch. Hinter den Büchern hatte Pinsi ein ganzes Vorratslager versteckt: Haselnüsse und Zwiebackstückchen und einige größere und kleinere Fichtenzapfen.

Ich überlegte gerade, ob Pinsis heimliches Vorratslager hier wirklich am rechten Platz sei, als sich die Tür öffnete und Lona hereintrat.

Mit einem Blick übersah sie die Lage.

„Was treibt ihr denn hier schon wieder für einen Unfug?“ erkundigte sie sich stirnrunzelnd. „Bevor ich wegging, habe ich gerade saubergemacht. Jetzt schwimmt der Teppichboden, überall liegt etwas herum, Anja sieht aus wie ein naßschwänziges Blütenmonster, und du machst seltsame Turnübungen auf der Couch.“

Claus kicherte.

„Das war so“, begann er und versuchte der Reihe nach zu erklären, was sich hier inzwischen abgespielt hatte.

Lona schüttelte den Kopf. „Euch kann man offenbar keinen Augenblick allein lassen“, murmelte sie leicht erschüttert und ließ sich seufzend in einen der Sessel fallen.

Doch im gleichen Moment sprang sie wieder auf und starrte entsetzt auf die Sitzfläche. Dort lagen befremdlicherweise einige Haselnüsse, die beim Hinsetzen aus den Polsterrillen gerollt waren.

„Das ist Pinsis Vorratslager Nummer zwei“, erläuterte ich behutsam.

„Hmmm“, machte Lona unwirsch. „Es ist einfach sagenhaft, was so ein kleines Tierchen alles fertigbringt. Guckt euch bloß mal meine Gardinen an; die sind völlig ausgefasert. Und die Ballonlampe hat lauter Löcher. Und daß Zwieback und Haselnüsse dauernd alle sind, wundert mich schon gar nicht mehr.“

„Mich auch nicht“, bestätigte Claus grinsend.

„Und wie, bitte, soll das weitergehen?“ fragte Lona streng.

Sie musterte erst Pinsi, der durch die Lücke im Bücherregal neugierig zu ihr hinunterlugte, dann mich.

„Wie soll was weitergehen?“ erkundigte sich Claus mißtrauisch.

Lona wandte sich ihrem Sohn zu.

„Dieser Unfug mit Pinsi“, erklärte sie mit einer vielsagenden Handbewegung. „Das ist keine Wohnung mehr, das ist ein Zirkus!“

Claus schluckte heftig.

„Ich denke, du magst Tiere?“ fragte er zweifelnd.

„Ihr wißt, daß ich Tiere mag“, bestätigte Lona. „Nur meine ich, daß Pinsi unsere Wohnung offenbar mit seinem Wald verwechselt. Und ich fürchte, daß wir ihm das nicht abgewöhnen können.“

„Genau, Mama!“ strahlte Claus begeistert. „Und eben das finde ich prima!“

Auf diese entwaffnende Feststellung sagte Lona nichts mehr. Sie hoffte wohl im stillen darauf, daß dieser Zustand nicht mehr allzu lange anhalten würde.

Das verschwundene Frühstück

Pinsi aber dachte gar nicht daran, seine Besuche aufzugeben. Im Gegenteil. Daran änderte sich auch nichts, als die Zapfen in den Wipfeln unserer Fichtenbäume allmählich leergeplündert waren. Pinsi wußte ja, wo er bei uns etwas holen konnte.

Nur wir wußten oft nicht, ob Pinsi sich gerade in der Wohnung aufhielt oder irgendwo draußen. Das merkten wir meist erst, wenn es aus einer unzugänglichen Ecke schnalzte oder keckerte oder plötzlich ein Gegenstand von seinem Platz befördert wurde und mit mehr oder weniger großem Getöse zu Boden krachte. Dabei konnten wir noch von Glück sagen, wenn es wenigstens tagsüber geschah.

Inzwischen hatten wir uns so an Pinsi gewöhnt, daß uns auch ein gelegentliches Chaos in der Wohnung nicht weiter störte. Dann wurde eben wieder aufgeräumt. Natürlich halfen wir alle dabei, bis es etwas weniger chaotisch aussah. Und das alles aus Sympathie für Pinsi.

Das schien Pinsi genau zu spüren. Zwar hüpfte er außer Claus auch mir gern auf die Schulter, aber wenn Lona da war, bevorzugte er neuerdings ganz eindeutig sie, vermutlich wegen der Haselnüsse. Was auch Claus anerkannte, der ohnehin lieber mit der geduldigeren Anja spielte.

Lona versuchte unermüdlich, wenigstens die gröbsten Spuren von Pinsis Anwesenheit zu entfernen, auch die weniger appetitlichen. Allerdings war das gar nicht so einfach. Eichhörnchen haben nämlich die Gewohnheit, nach den Mahlzeiten ihre kleine Schnauze an der Rinde der Bäume abzuwischen. Doch in unserer Wohnung gab es keine Bäume, außer einem ziemlich mickrigen Gummibaum, für den Pinsi sich sowieso nicht interessierte. Darum benutzte Pinsi zu diesem Zweck Schrank- und Türkanten und alle möglichen Tisch-, Stuhl- und sonstigen Beine. Nahezu überall fanden sich die Spuren seiner Mahlzeiten.

Folglich sah man Lona selten anders als mit einem feuchten Lappen in der Hand, um die Speisereste wegzuwischen. Doch trotz aller Mühe konnte Pinsi sich nicht dazu entschließen, sich von Lona das Schnäuzchen abputzen zu lassen. Das entsprach eben nicht seiner Gewohnheit.

Dabei machten wir eines Tages eine recht sonderbar anmutende Entdeckung. Der sauber gespülte, aber noch sehr feuchte Lappen war aus irgendeinem Grund auf der Türschwelle zum Badezimmer liegengeblieben. Eine ganze Zeit lang hatten wir von Pinsi weder etwas gehört noch gesehen, als Lona uns plötzlich zum Badezimmer führte. Und da saß Pinsi, saß mitten auf dem Lappen, mit feuchtem Fell und blanken Augen und keckerte uns vergnügt an.

„So was Verrücktes!" kicherte Claus. „Pinsi schläft neuerdings auf dem Scheuerlappen."

Aber Pinsi schlief natürlich nicht, er badete. Im Wald tun Eichhörnchen das gern auf feuchten Moospolstern. Und da in unserer Wohnung verständlicherweise kein Moos

wuchs, badete Pinsi statt dessen eben auf dem ihm ja sehr vertrauten Lappen. Also wurde dieser Scheuerlappen von nun an zu Pinsis Badewanne. Und natürlich bekam er für die sonstigen Zwecke einen anderen.

Später haben wir Pinsi noch oft beim Baden beobachten können. Dabei hielt auch Anja sich stets in respektvoller Entfernung. Nur wenn Pinsi seine Badewanne nicht benötigte, beschnupperte sie sehr eingehend den Lappen. Sie fand Eichhörnchenduft vermutlich sehr interessant.

Pinsis Interesse an Anja hielt sich dagegen in Grenzen. Das flinke rotschwänzige Kerlchen hatte ziemlich schnell herausgefunden, daß dieses behäbige, eisbärähnlichzottige Ungetüm viel zu faul war, um ihm bei seinen munteren Spielchen zu folgen – schon gar nicht auf Bäume und Gardinenstangen. Anja sah ihm viel lieber dabei zu und spielte gelegentlich mit Pinsis liegengebliebenen Haselnüssen, wofür Pinsi wiederum sehr viel Verständnis zeigte.

In dieses Idyll platzte eines Tages Claus' Cousin Nick, der in München studierte und das Wochenende bei uns verleben wollte. Da er sehr beschäftigt war, kamen solche Besuche verhältnismäßig selten vor. Und folglich hatte er keine Ahnung, daß wir inzwischen Familienzuwachs bekommen hatten. Doch Claus klärte ihn natürlich gleich darüber auf. Und Nick zeigte sich hocherfreut, denn er mochte Tiere und amüsierte sich immer noch über Claus' Erlebnisse mit Schnüffi, unserem Igelkind, die ja ebenfalls als Buch erschienen waren.

Pinsi betrachtete den Neuankömmling zunächst offensichtlich mit gemischten Gefühlen, hüpfte vorsichtshalber erst mal auf die Gardinenstange und wartete ab. Auch wir waren neugierig, wie sich das Verhältnis zwischen den beiden entwickeln würde.

Doch Lona beendete das Rätselraten auf ihre Art. Sie drückte Nick ein paar Haselnüsse in die Hand. Und Pinsi, der den Vorgang genau beobachtet hatte, konnte tatsächlich nicht widerstehen. Er holte sich die Haselnüsse. Und kurz darauf holte er sich noch eine zweite Portion.

Dabei kam Pinsi jedoch auf einen recht sonderbaren Einfall. Als er die zweite Portion verspeist hatte, betrachtete er einen Augenblick lang Nicks leere Hand, flitzte

plötzlich an seinem rechten Arm hoch zu seiner Schulter und über das Ohr mitten auf seinen Strubbelkopf, von wo er mit einem kühnen Sprung zu der Ballonlampe hinüberhechtete.

Das alles ging so schnell, daß wir kaum mit den Augen zu folgen vermochten. Und bevor Lona wegen ihrer schon reichlich zerlöcherten Ballonlampe Protest einlegen konnte, war Pinsi durch die Korridortür verschwunden.

Verblüfft rieb Nick sich seinen zerzausten Haarschopf.

Er glaubte wohl immer noch, Pinsis spitze Krallen auf seiner Kopfhaut zu spüren. Schließlich murmelte er:

„Das ist ja ein äußerst munteres Kerlchen. Setzt sich mir einfach auf den Kopf. Nun ja, warum auch nicht. Immerhin hat Claus ja schon mal einen Igel im Hosenbein gehabt. Und das war sicher entschieden unangenehmer."

Alle lachten. Denn natürlich kannten wir alle die verrückte Geschichte. Und irgendwie paßte sie auch zu Pinsis unverhofftem Besuch auf Nicks Kopf. Nick besaß eben genau wie Claus ein besonderes Talent für außergewöhnliche Begebenheiten.

„Pinsi wird dich vermissen, wenn du wieder in München bist", sagte Claus grinsend. „Unsere Köpfe hat er noch nie als Startbahn zur Lampe benutzt."

„Nicht?" staunte Nick. „Vielleicht findet Pinsi meinen Kopf besonders interessant."

„Oder besonders dick!" grinste Claus.

„Hmmm", brummte Nick.

In diesem Augenblick machte Anja laut und vernehmlich Wuff. Doch es war nicht herauszubekommen, weshalb Anja gewufft hatte. Weder hatte das Telefon geklingelt noch die Hausglocke. Und auch sonst war nichts Bemerkenswertes passiert.

„Vielleicht Pinsi?" meinte Claus ahnungsvoll.

„Ich werde mal nachsehen", sagte Lona.

Doch Pinsi war nirgends zu entdecken. Und er tauchte auch an diesem Abend nicht wieder auf. Folglich verliefen Abendbrot und Dämmerstunde recht friedlich. Und mit diesem friedlichen Gefühl begaben sich alle in ihre Betten.

Nach einer ebenfalls durchaus friedlichen Nacht kam dann am Morgen die große Überraschung. Nick hatte sich zum Frühstück eine Portion von Lonas köstlichem Müsli gewünscht, auf das er in seiner Junggesellenwirtschaft in München sonst verzichten mußte. Dieses Müsli bestand aus allerlei höchst leckeren Sachen: Haferflocken, Rosinen, Leinsamen, Bierhefe, Weizenkleie, braunem Zucker, kleingeschnippelten Bananen, Äpfeln und Orangen und Para- oder Haselnüssen, die dann mit Kefir übergossen wurden. Und da die Zubereitung all dieser Dinge eine Menge Arbeit machte, hatte Lona am Abend zuvor bis auf das frische Obst und den Kefir alles schon auf die Teller verteilt und auf dem Küchentisch bereitgestellt.

Als sie nun am Morgen in die Küche ging, um das Müsli fertigzumachen, hörten wir plötzlich einen empörten Schrei. Dann begann sie lauthals zu schimpfen und erklärte, daß wir in Zukunft unser Müsli gefälligst selber zubereiten sollten, wenn wir schon vorher alles wegnaschten.

Verdutzt fanden wir uns alle in der Küche ein. Tatsächlich, die Müsliteller waren eindeutig geplündert worden. Überall lagen verstreute Bestandteile herum. Und mehr als die Hälfte fehlte, vor allem die Nüsse.

„Ich war es jedenfalls nicht!" beteuerte Claus, der eine besondere Vorliebe für Nüsse hatte.

Ratlos sahen wir uns an. Dabei entdeckten wir Anja, die in einer Ecke der Küche nach etwas suchte und plötzlich einen kleineren Gegenstand durch die Luft schnickte, der mit hörbarem Geräusch gegen den Küchenherd knallte. Es war – eine Haselnuß!

„Sollte Anja vielleicht . . .?“ meinte Nick.

Aber Lona protestierte.

„Nein! Anja war es bestimmt nicht. Sie klettert nicht auf Tische. Dazu ist sie viel zu faul.“

Das stimmte. Außerdem war sie zu gut erzogen. Selbst einen auf dem niedrigen Tisch liegenden Wurstzipfel würde sie niemals anrühren, obwohl sie den ohne Mühe erreichen konnte. Als Übeltäter schied Anja also aus.

„Das war bestimmt Pinsi!“ erklärte Claus vergnügt. „Pinsi macht so was.“

„Wieso Pinsi?“ fragte Nick erstaunt. „Der steckt doch sicher irgendwo auf einem Baum.“

Lona schüttelte den Kopf.

„Oder hier irgendwo in der Wohnung. Das hat er schon öfter gemacht, ohne daß wir es bemerkten. Nur hatte ich bisher nie die Müsliteller vorbereitet, weil wir sonst meist nur zwei brauchten. Als ich es gestern abend tat, habe ich überhaupt nicht an Pinsi gedacht, zumal er schon seit dem Nachmittag verschwunden war. Nun, diese Arbeit hätte ich mir sparen können.“

In Nicks Gesicht malte sich Enttäuschung.

„Und jetzt gibt es kein Müsli“, brummelte er mißmutig.

Doch es gab natürlich Müsli, zwar etwas später als geplant, aber alle waren zufrieden. Und während wir genießerisch unsere Teller leer futterten, tauchte plötzlich Pinsi auf – unter einem Sofakissen, wo er offenbar die Nacht über geschlafen hatte. Und dort fanden wir auch in einer Spalte der Couchpolster einige Nüsse und zwei mit Leinsamen und Zucker verklebte Rosinen.

„Aha!“ machte Lona vielsagend.

Aber Pinsi war sich keiner Schuld bewußt. Er betrachtete wohl sämtliche Hasel- und sonstigen Nüsse in unserer Wohnung als sein rechtmäßiges Eigentum. Und mit Unschuldsmiene hockte er sich auf Lonas Sessellehne, legte artig seinen buschigen Schwanz auf den Rücken und wartete offenbar darauf, auch von dieser Müsliportion seinen Teil abzubekommen.

„Das ist der Gipfel!“ murmelte Nick verblüfft.

Und das fanden wir auch. Aber Eichhörnchen haben nun einmal andere Vorstellungen von guten Sitten. Deshalb bekam Pinsi ganz selbstverständlich seine Nuß.

Abschied

Es war Juni geworden und sehr heiß, selbst in der Wohnung. In der Schule gab es Hitzefrei, und alle sehnten sich nach Ferien. Den ganzen Tag bis in den späten Abend liefen wir leicht bekleidet herum. Nur Anja konnte ihren angewachsenen Pelzmantel nicht ablegen. Und wir konnten ihr nachfühlen, wie sie unter der Hitze litt. Allein schon der Gedanke, in diesen heißen Tagen ständig ein Eisbärfell tragen zu müssen, bereitete Unbehagen. Folglich verzog Anja sich meist auf die kühlen Fliesen des Badezimmers, wo sie fast den ganzen Tag verschlief und erst abends munter wurde und Unmengen Wasser trank.

Auch Pinsi kam nun häufiger zu seinem Wassernapf, denn Eichhörnchen haben ein ausgeprägtes Flüssigkeitsbedürfnis. Und wenn wir einmal nicht darauf geachtet hatten, ob Pinsis Wassernapf auch gefüllt war, bediente er sich ungeniert aus Anjas Wasserschüssel. Das sah recht possierlich aus, denn darin hätte er schon beinahe schwimmen können. Doch Pinsi zeigte wenig Lust zum Schwimmen, obwohl Eichhörnchen durchaus dazu in der Lage sind.

Pinsis Appetit hielt allerdings unvermindert an. Ihn schien Hitze nicht zu stören. Und in diesen Tagen machten wir noch eine andere Feststellung.

Eines Mittags zeigte Lona auf Pinsi, der gerade wieder auf der Sessellehne hockte und ein Stückchen Zwieback zwischen den Vorderpfoten hielt, an dem er genüßlich herumknabberte.

„Findet ihr nicht auch, daß Pinsis Flanken längst nicht mehr so grau sind wie am Anfang? Und ich glaube, auch seine langen Ohrpinsel werden allmählich dürftiger."

Lona hatte recht. Pinsi hatte seinen Frühlingshaarwechsel wohl bald hinter sich.

„Hmmm", machte Claus. „Ich finde ihn aber noch genauso hübsch."

„Klar", bestätigte ich. „Pinsi sieht jetzt sogar fast noch hübscher aus."

Lona lächelte.

„Hauptsache, er gefällt seiner Eichhörnchendame", sagte sie vieldeutig.

„Wieso?" fragte Claus verblüfft. „Hat er denn eine?"

„Noch nicht", versuchte ich zu erklären. „Aber vermutlich wird er sich bald eine suchen. Zeit ist es dazu. Sonst findet er möglicherweise keine mehr."

Das wollte Claus genauer wissen. Und ich erzählte ihm, daß die Eichhörnchenmännchen während der vom Frühling bis zum Sommer dauernden Paarungszeit in die Wohnreviere der Eichhörnchendamen eindringen, um sich eine Frau zu suchen, was bei Eichhörnchen eine sehr aufregende Sache und mit sehr viel lautstarkem Hin-und-her-Gejage verbunden ist. Hat das Männchen dann endlich eine Dame erobert, die bereit ist, mit ihm das Nest zu teilen, wirft sie ihn jedoch noch während der Tragzeit wieder hinaus, um ihre Jungen allein aufzuziehen.

„Waaas?" unterbrach Claus mich empört. „Und der Vater kümmert sich überhaupt nicht um seine Kinder?"

Ich schüttelte den Kopf.

„Nein, Claus. Das ist bei Eichhörnchen eben so Sitte. Dafür kümmert sich die Mutter um so liebevoller um ihre anfangs noch völlig hilflosen Jungen und versorgt sie, bis sie ganz selbständig sind und allein leben können.“

„Schade“, murmelte Claus. „Dann kann uns Pinsi ja gar nicht zu seinen Kindern führen. Und ich hätte zu gern mal ein Eichhörnchenbaby gesehen.“

„Ich auch“, tröstete Lona ihren Sohn. „Aber Tierbabys sollte man sowieso besser in Ruhe lassen, sonst bringt man sie nur unnötig in Gefahr.“

Claus nickte eifrig.

„Noch haben wir ja Pinsi“, meinte er dann. „Und vielleicht kommt er nach seiner Hochzeit wieder zu uns.“

Nun, das war immerhin nicht auszuschließen. Und von jetzt ab ging Claus häufiger zu der großen Buche, wo Pinsi seinen Kobel hatte. Er hoffte wohl, dort irgendwelche Anzeichen einer beginnenden Eichhörnchenhochzeit zu entdecken. Und er ließ sich auch nicht davon abhalten, als ich ihm erklärte, daß Eichhörnchen bis zur Paarung allein in ihrem Revier leben und Pinsi sich seine Dame erst einmal anderswo suchen müsse.

Und das schien Pinsi tatsächlich zu tun. Seine Besuche bei uns wurden allmählich immer seltener. Mitunter ließ er sich tagelang nicht blicken. Und wir vermißten das muntere rotschwänzige Kerlchen. Selbst Anja beobachtete immer wieder neugierig die Gartenfichten.

Als Pinsi wieder einmal mehr als drei Tage nicht aufgetaucht war, meinte Claus:

„Jetzt hat Pinsi sicher seine Dame gefunden.“

„Hoffentlich", sagte ich zweifelnd. „Früher gab es in unserer Gegend eine Menge Eichhörnchen, doch in der letzten Zeit sind es immer weniger geworden. Und seit zwei Jahren haben wir überhaupt keines mehr gesehen – außer Pinsi. Ich fürchte, er wird sehr lange suchen müssen."

„Und warum werden die Eichhörnchen immer weniger?" wollte Claus wissen.

Ich hob die Schultern.

„Das mag viele Gründe haben. Einer davon ist sicher das immer mehr zunehmende Waldsterben, besonders von Tannen und Fichten und vielen Laubbäumen. Das weißt du ja. Auch die Wälder vertragen eben die Giftstoffe nicht, die durch die zahllosen Schornsteine, Autos und Flugzeuge in die Luft geblasen werden und dann mit dem Regen wieder in den Boden gelangen. Und wo es keine oder nur noch vergiftete und sterbende Wälder gibt, hat auch das Eichhörnchen keine Möglichkeit mehr zum Überleben."

Claus nickte nachdenklich.

„Das finde ich aber ziemlich blöd", brummte er.

„Ich auch", mischte sich Lona ein. „Später möchte ich auch noch durch Wälder gehen, in denen Eichhörnchen leben und andere Tiere. Und ich möchte eine einigermaßen gesunde Luft atmen können."

Die beiden hatten recht, ich wußte es.

Plötzlich unterbrach Claus meine Gedanken.

„Und was ist, wenn Pinsi keine Eichhörnchendame findet?" fragte er besorgt.

„Dann gibt es eben keinen Eichhörnchennachwuchs", antwortete Lona an meiner Stelle. „Jedenfalls nicht von Pinsi."

Claus zog seine Stirn in krause Falten.

„Hmmm", murmelte er nachdenklich. „Und dann gibt es hier bald überhaupt keine Eichhörnchen mehr. Oder?"

Wir schwiegen. Aber Claus kam auf eine recht verblüffende Lösung.

„Wißt ihr was?" verkündete er. „Dann bringen wir Pinsi eben in den Zoo, wo er sich vermehren kann wie die vielen anderen seltenen Tiere. Dort wird man schon eine Eichhörnchendame für ihn finden."

Doch soweit war es ja erfreulicherweise noch nicht. Noch gab es Eichhörnchen in der freien Natur. Und so bestand auch für Pinsi noch Hoffnung.

Tags darauf war Pinsi wieder da, turnte ausgelassen in seiner Lieblingsfichte und hüpfte Claus, der auf Pinsis munteres Keckern hin sofort auf die Terrasse geeilt war, zutraulich auf die Schulter. Freudestrahlend kam er herein und präsentierte uns den kleinen Ausreißer.

„Na also", meinte Lona. „Da ist er ja wieder. Offenbar muß er sich von seiner Brautschau erst mal bei uns erholen."

Und sie hatte heute auch nichts dagegen, als Pinsi von Claus' Schulter auf die heftig schaukelnde Ballonlampe hüpfte und von dort über die Sessellehne an der Gardine hinauf zu seinem Aussichtsplatz auf der Gardinenstange, von wo aus er uns laut keckernd zum Spielen aufforderte.

Claus schüttelte mißbilligend den Kopf.

„Ich glaube, Pinsi lernt es wohl nie, daß wir für Gardinenstangen ein bißchen zu groß sind."

Aber Pinsi hielt sich nicht lange an seinem luftigen Sitz auf. Plötzlich sauste er kopfüber die Gardine wieder hinunter und quer durch das Wohnzimmer in die Küche. Als wir hinauskamen, schlabberte Pinsi ausgiebig an seinem Wassernapf.

„Und jetzt gibt es Zwieback und Haselnüsse", sagte Lona fürsorglich. „Sicher hat Pinsi jetzt einen furchtbaren Hunger."

Pinsi schien das genau verstanden zu haben. Aber nicht nur Pinsi. Auch Anja trottete gemächlich von ihren kühlen Fliesen im Badezimmer herüber in die Küche und forderte mit schiefgelegtem Kopf ihren Anteil am Zwieback, den sie natürlich auch bekam. Nur die Haselnüsse überließ sie großzügig Pinsi allein.

Claus betrachtete dieses Idyll mit sorgenvoller Miene.

„Eigentlich schade, daß Anja eine Hundedame ist", meinte er. „Die beiden verstehen sich doch ganz gut. Wenn sie eine Eichhörnchendame wäre, brauchte Pinsi nicht mehr zu suchen."

Die beiden aber kümmerten sich nicht um Claus' kühne Überlegungen. Ihnen schmeckte es. Und wir sahen ihnen dabei zu. Allerdings konnte niemand von uns ahnen, daß dies die letzte gemeinsame Mahlzeit der beiden so ungleichen Tiere war.

Einen Tag danach war Pinsi wieder verschwunden. Und er blieb es auch. Immer stand sein frischgefüllter Wassernapf bereit, lag sein feuchter Badelappen auf den Fliesen, warteten volle Zwieback- und Haselnußtüten im Schrank. Und auch wir warteten. Doch alles Warten war umsonst.

Wochen vergingen. Und als fast ein Monat vergangen und Pinsi immer noch nicht wieder aufgetaucht war, sagte Lona mit einer seltsamen Mischung aus Traurigkeit und Erleichterung:

„Ich glaube, jetzt hat Pinsi wirklich seine Eichhörnchendame gefunden.“

Wissenswertes über Eichhörnchen

Das Eichhörnchen gehört als Nagetier zur Klasse der Säugetiere und besitzt unter den Hörnchenartigen eine zahlreiche Verwandtschaft. Es ist als wildlebendes, baumbewohnendes Tagtier der eurasischen Laub- und Nadelwälder in verschiedenen Unterarten von Japan und Korea im Osten Asiens bis nach Irland im Westen Europas, vom nördlichen Skandinavien bis nach Spanien, Italien, Griechenland und Bulgarien im Süden weit verbreitet, mit Ausnahme der baumlosen Steppen und der Gebirge jenseits der Baumgrenze. Aufgrund seiner ausgezeichneten Umweltanpassung findet man es jedoch als Kulturfolger auch in Obstplantagen und Großstadtparks der dichter besiedelten Gebiete.

Im mittleren Europa lebt nur eine einzige Art, die allerdings vielfältige Farbnuancen aufweist. Am weitesten verbreitet sind zwei deutlich unterscheidbare Färbungen: Beide an der Unterseite weiß, ist das eine an der Oberseite vom Kopf bis zum Schwanz jedoch fuchsrot bis rotbraun, das andere schwarzbraun, wobei die rotbraunen Eichhörnchen mehr im Flachland, die braunschwarzen überwiegend im Gebirge vorkommen. Ob es sich dabei um zwei verschiedene Farbrassen handelt, ist noch nicht ganz aufgeklärt. Tatsache ist jedoch, daß in den Berührungszonen sich beide fruchtbar kreuzen und in einem Wurf gleichzeitig helle und dunkle Junge vorkommen können. Für beide gilt auch, daß sich das Fell im Winter am Kopf und an den Rumpfseiten mit einem hellen Grau durchmischt, das erst nach dem Frühlingshaarwechsel, der sich bei den Männchen bis zum Hochsommer hinziehen kann, wieder verschwindet. Die Weibchen dagegen haben ihre Haarung bis zur Geburt ihrer Jungen abgeschlossen. Die Schwanzhaare und die nur im

Winter gut ausgebildeten langen Pinsel an den Ohren wechseln nur einmal im Jahr, das Haar zweimal. Und auch die Hand-und Fußsohlen sind nur im Winter behaart, im Sommer jedoch nackt.

Die südlichen Unterarten werden etwas größer als die nördlichen. In der Regel erreichen Eichhörnchen eine Körperlänge von 20 bis 25 Zentimeter und ein Gewicht von 250 bis 480 Gramm, während die Ohrlänge zwischen 2,5 und 3,5 Zentimeter schwankt. Die Hinterbeine sind wesentlich kräftiger und länger als die Vorderbeine. Der Schwanz ist für das Eichhörnchen äußerst bedeutungsvoll, da er vielseitig verwendbar ist: So dient er unter anderem bei der Fortbewegung als Steuer, beim Schlafen als wärmende Bettdecke und bei der Balz als Ausdruckssignal für den Partner. Der buschige Schwanz wird beim Sitzen über dem Rücken gehalten.

Aufgrund seiner auffälligen Färbung ist das Eichhörnchen in freier Wildbahn gut sichtbar und kann sich nur durch seine außerordentliche Wendigkeit vor seinen natürlichen Feinden schützen. Vor allem Baummarder, Wildkatzen, Habichte und andere Greifvogelarten stellen ihm nach, am Boden auch Fuchs, Iltis und wildernde Hunde und Katzen. Vor Bodenbewohnern retten Eichhörnchen sich auf den nächsten Baum, Greifvögeln versuchen sie durch spiralförmiges Hinauflaufen am Stamm zu entgehen. Und vor Baummardern flüchten sie in die höchsten Baumwipfel, wohin ihnen der wesentlich schwerere Marder nicht folgen kann, und bringen sich durch kühne Sprünge in Sicherheit. Diese als Aufbaumen bezeichnete Verhaltensweise ist den Eichhörnchen angeboren.

Als baumbewohnendes Nagetier ernährt es sich vor allem von Knospen, Blüten, Früchten, Samen und Trieben, dem Saft und der Rinde der Bäume, wobei es aber die Samen der Nadelholzbäume bevorzugt und auch eine besondere Vorliebe für Hasel- und Walnüsse entwickelt. Daneben verspeist es Beeren und Pilze. Trotzdem ist es kein reiner Vegetarier und verzehrt auch Insekten, Larven, Ameisenpuppen, Schnecken, Vogeleier und Jungvögel, wodurch es gelegentlich zum Nesträuber wird. Es tritt auch häufiger in Forst- und Obstkulturen auf; doch ist der jeweils entstehende Schaden verhältnismäßig gering, zumal das Eichhörnchen bei uns nur sehr selten in Massen vorkommt. Sein Flüssigkeitsbedürfnis stillt es während der wärmeren Jahreszeit mit Wasser und im Winter mit Schnee.

Ist das Nahrungsangebot reichlich, legen Eichhörnchen Vorräte an. Sie sammeln Nüsse und Zapfen und Samen und vergraben sie in der Erde, meist zwischen den Wurzeln der Bäume, aber auch in leeren Vogelnestern und Astlöchern. Diesem Vorgang des Vorratsammelns liegt eine echte Instinkthandlung zugrunde, die immer auf die gleiche Weise abläuft. Erst scharrt das Tier mit den Vorderpfoten eine flache Mulde, legt die Frucht hinein und stößt sie mit der Schnauze fest in den Boden, schiebt anschließend lockeres Erdreich darüber und drückt es dann mit den Pfoten fest. Bei jungen Eichhörnchen kann man diesen Vorgang selbst in Wohnräumen beobachten, wo er an sich sinnlos ist. Diese Vorratswirtschaft hilft Eichhörnchen dabei, selbst harte Winter zu überstehen, denn sie sind in der Lage, auch unter tiefer Schneedecke ihre Vorräte zu wittern. Meist aber werden nicht alle Verstecke wieder ausgeräumt, und so tragen Eichhörnchen mit zur Verbreitung bestimmter Pflanzenarten bei.

Neben dem Geruchssinn und dem Gehör ist besonders das Auge außerordentlich gut entwickelt, was für einen Baumbewohner lebenswichtig ist. Eichhörnchen können durch Heben und Senken des Kopfes Entfernungen sehr gut schätzen, haben aufgrund ihrer Augenstellung ein weites Blickfeld, sehen scharf und sind imstande, verschiedene Personen genau zu unterscheiden. Auch der Tastsinn ist infolge borstenartiger Tasthaare, die sich fast über den ganzen Körper verteilen, sehr stark ausgeprägt und hilft dem Tier, eventuelle Hindernisse zu vermeiden.

Erstaunlich ist das Lernvermögen der Eichhörnchen. Sie sammeln Erfahrungen und beweisen einsichtiges Verhalten sowohl dem Men-schen gegenüber wie auch bei der Nahrungssuche und können durchaus auch gewisse Zusammenhänge erkennen.

In der Regel legt ein Eichhörnchen nicht nur ein Nest an, sondern mehrere, wobei eines als Hauptnest dient, die anderen als Fluchtverstecke und Ausweichnester. Die „Kobel" genannten, runden, überdachten Nester baut es aus Zweigen, Reisern und Moos in die Astgabeln alter Bäume in fünf bis fünfzehn Meter Höhe. Neben dem seitlich abwärts führenden Haupteingang, der bei Brutnestern zusätzlich durch eine Klappe geschlossen werden kann, besitzt das Nest noch ein gegen den Stamm gerichtetes Fluchtloch. Aber auch größere Vogelnester, Starenkästen, Baumhöhlen und Dachbalken werden geschickt als Kobel ausgebaut und mit Gras, Federn, Wolle und anderem weichen Material sorgsam ausgepolstert. Hier verbringen sie die Nacht, aber auch regnerische und frostkalte Tage, obwohl sie keine echten Winterschläfer sind.

Außerhalb der Paarungszeit, die vom Frühling bis in den Sommer hinein dauert, hat jedes Eichhörnchen sein eigenes Revier. Erst während der Brunst dringen die in dieser Zeit sehr angriffslustigen Männchen in die Reviere der Weibchen vor, wo sie diese durch Scheinangriffe einzuschüchtern versuchen. Nach anfänglichem Droh- und Fluchtverhalten und lautstarken Scheinkämpfen beider Partner entwickelt sich nach stunden- bis tagelangem Werben schließlich Kontaktbereitschaft, und es kommt zur Paarung, wobei das Pärchen für kurze Zeit denselben Kobel bewohnt.

Während der Tragzeit vertreibt das Weibchen das Männchen wieder aus seinem Revier und bringt nach achtunddreißig Tagen zwischen drei und acht nackt-rosige, blinde Junge zur Welt. Die Kleinen, die bei ihrer Geburt nur acht bis zwölf Gramm wiegen und nach neunzehn Tagen bereits ein dichtes Haarkleid haben, öffnen erst nach dreißig bis zweiunddreißig Tagen die Augen und bekommen bis zu diesem Zeitpunkt auch die unteren und oberen Nagezähne. Von der Mutter liebevoll gesäugt und versorgt, nehmen sie erst nach rund vierzig Tagen feste Nahrung auf und sind nach rund zwei Monaten völlig selbständig, bleiben aber noch monatelang in der Nähe des Mutternestes, von dem sie sich erst allmählich entfernen und sich ein eigenes Revier suchen, wo sie nach acht bis zehn Monaten selbst geschlechtsreif werden.

Unter günstigen Lebensbedingungen können Eichhörnchen ein Alter bis zu zwölf Jahren erreichen, doch ist die Sterblichkeit gerade der Jungtiere verhältnismäßig hoch. Nur ein Fünftel bis ein Viertel eines Wurfes werden älter als ein Jahr. Als Ausgleich bringt es das Eichhörnchen deshalb pro Jahr im Norden auf zwei, im Süden auf drei Würfe.

Besonders bei jungen Eichhörnchen ist der Spieltrieb sehr stark ausgeprägt; und man unterscheidet Kampf-, Flucht- und Bewegungsspiele. Doch auch ältere Tiere spielen noch sehr gern, wobei es aufgrund sozialer Hemmungen nie zu ernsthaften Verletzungen kommt. Sie spielen untereinander, spielen mit Gegenständen und – bei gewisser Vertrautheit – auch mit Menschen. Diese Spielfreude, die als Ausdruck überschüssigen Bewegungsdranges gilt, und die Possierlichkeit des Eichhörnchens haben von alters her das Interesse des Menschen geweckt, das sich in vielen Sagen und Märchen niederschlug.

Immer wieder wurde versucht, Eichhörnchen in Gefangenschaft zu halten, wo vor allem Jungtiere sehr zutraulich und zahm werden können. Doch es ist nur sehr selten gelungen, bei gefangenen Tieren auch eine Fortpflanzung zu erreichen. Eichhörnchen lieben und brauchen die Freiheit einer wenigstens noch einigermaßen intakten Natur und eine ihrer Art gemäße Umwelt für ihren Nachwuchs. Das sollte man respektieren, zumal durch das immer weiter fortschreitende Baumsterben unserer Wälder die natürlichen Lebensräume der Eichhörnchen ebenfalls in hohem Maße gefährdet sind, was bereits zu einem deutlichen Rückgang dieser Tierart geführt hat – auch in den noch nicht unmittelbar betroffenen Gebieten. Zwar steht das Eichhörnchen offiziell noch nicht unter Naturschutz, doch sollte jeder Naturfreund mithelfen, diesen liebenswerten Nager als Charaktertier unserer Wälder auch für die Zukunft zu erhalten.

Lothar Streblow

wurde 1929 in Gera/Thüringen geboren. Er studierte Regie, Dramaturgie, Ästhetik und Psychologie. Seit 1955 lebt er im Remstal bei Stuttgart. Auf vielen Reisen im In- und Ausland befaßte er sich mit Studien der Tierpsychologie, Verhaltensforschung und Ökologie. Neben Romanen, Expeditionsberichten und Hörspielen, in denen er schon vor mehr als zwei Jahrzehnten ökologische Themen behandelte, schrieb er vorwiegend für junge Leser Erzählungen, in deren Mittelpunkt immer das Tier und seine Umwelt stehen. Für seine über fünfzig Werke, die auch in Frankreich, Jugoslawien, Spanien, Dänemark, den USA und Kanada erschienen, wurde er mehrfach ausgezeichnet: Hörspielpreis der ARD, Auswahlliste Deutscher Jugendbuchpreis, Studienpreis zum Kogge-Literaturpreis, Landeskundlicher Jugendbuchpreis.

Mit „Robbi, der Heuler vom Wattenmeer", „Borstel, der Frischling vom Eichwald", „Ruscha, der Fischotter", „Murru, das Murmeltier", „Raku, der Kolkrabe", „Duna, der Dinosaurier", „Barro der Braunbär", „Manka, das Mammut" und „Wirru, das Wildpferd" sowie den Folgebänden dieser neuen Tierbuchreihe „Tiere in ihrem Lebensraum" legt Lothar Streblow, der für sein engagiertes literarisches Werk bereits 1978 die Umweltschutz-Medaille erhielt, etwas völlig Neues vor: die ethologisch-ökologische Tiererzählung, entstanden nach langjährigen Tierstudien erworbenen Erfahrungen und Erkenntnissen.

Der Saarländische Rundfunk in einem Autorenporträt über Lothar Streblow:

„Sein Hauptinteresse gilt Fragen des Umwelt- und Naturschutzes und der Frage, wie man diese Probleme auch literarisch vermitteln kann. Das Ergebnis seiner vielfältigen Forschungsarbeiten sind Bücher, die in Spielhandlungen für einen bewußten Umgang mit der Natur plädieren."

Lothar Streblows Tierbuch-Reihe

Lesespaß und Wissen für junge Tierfreunde

Kiki, der Wellensittich

In sich abgeschlossener Fortsetzungsband zu „Anja, das Hundekind“ und „Maxi, das Meerschweinchen“.

„Wie in 2 früheren Bänden gelingt es dem Autor, einfühlsam und humorvoll notwendiges Wissen über Pflege und artgerechte Haltung der beliebten Kleinpapageien zu vermitteln.“

ekz-Informationsdienst, Reutlingen

„Damit dürfte diese Trilogie über Haustiere für Eltern und Kinder zu einem wertvollen Ratgeber geworden sein, der gleichzeitig auch dem Gedanken des Naturschutzes wie der Bindung Tier und Mensch dient.“

Prof. Dr. S. Lichtenberger, Universität des Saarlandes

„Man merkt, daß ein Tierfachmann dieses Buch geschrieben hat.“

Die Neue Bücherei, München

Schnüffi, das Igelkind

„Am Beispiel eines Igels, den eine tierfreundliche Familie zu Hause über den Winter rettet, wird man sachlich über das Stacheltier und seine Verhaltensweisen orientiert und erfährt auch mancherlei über Natur- und Tierschutz. Kleinere Leser können sich an die lustige Handlung halten und nebenbei lernen, daß Tiere keine Spielzeuge sind, sondern fühlende Wesen wie sie selbst.“

Die Jury für die Auswahlliste des Deutschen Jugendbuchpreises

„Das äußerst kompetente Buch verschafft Lesefreude, die durch differenzierte, anschauliche, bildreiche Sprache noch erhöht wird.“

AG Jugendliteratur und Medien in der GEW (VJA) Hessen

„Ein Buch für junge Verhaltensforscher und Tierfreunde.“

Österreichischer Rundfunk

Jeder Band 90 Seiten mit vielen Zeichnungen von Ulrike Heyne.

Lothar Streblows neue Tierbuch-Reihe

Tiere in ihrem Lebensraum

Robbi, der Heuler vom Wattenmeer

„Liebevoll und behutsam, zugleich aber auch informativ und für jüngere Leser verständlich, erzählt Streblow von den ersten Lebensmonaten des kleinen Seehundes.“ DIE WELT, Hamburg

„Welche Gefahren auf die Robben lauern, wie Seehunde ums Überleben gegen Naturgewalten und Eingriffe des Menschen in ihren Lebensraum kämpfen, das zeigt diese abwechslungsreiche, spannende Tiergeschichte.“ Münchner Merkur

„Mit ebensoviel Sachkenntnis wie bildkräftiger Phantasie und prägnanter Sprachkraft versteht es der Autor, die Lebensgeschichte eines Seehundes zu gestalten. Ein sorgfältig und sachkundig konzipiertes Buch, das allen Naturfreunden warm empfohlen werden kann.“
AG Jugendliteratur und Medien in der GEW Rheinland-Pfalz

Borstel, der Frischling vom Eichwald

„Die liebevolle Schilderung des Wildschweins Borstel fesselt den Leser und läßt ihn das Wildschweinleben so hautnah erleben, daß er sich selbst wie im Rudel integriert fühlt.“ Das neue Jugendbuch, Basel

„Das Erstaunliche an diesen Erzählungen ist, daß sie von innen erzählt werden: Es gelingt dem Autor, sich in die Tiere hineinzuversetzen, ihre Gefühle zu schildern.“ ekz-Informationsdienst, Reutlingen

Ruscha, der Fischotter

„‚Ruscha, der Fischotter‘ zu lesen macht besondere Freude. Die Abenteuer ihres Lebens und Überlebens werden keine Leseratte kaltlassen.“
natur, München

„Das Buch überzeugt nicht zuletzt durch die einfühlsame und lebendige Erzählweise und durch das Hintergrundwissen des bekannten Autors.“
BUND-Pressedienst Umwelt

Jeder Band 140 Seiten mit vielen Zeichnungen von Mario Kessler.

Lothar Streblows neue Tierbuch-Reihe

Tiere in ihrem Lebensraum

Murru, das Murmeltier

141 Seiten, mit vielen Zeichnungen von Mario Kessler

„Wissenschaftlich präzise und einfühlsam schildert Lothar Streblow das abenteuerliche Leben des jungen Murmeltieres Murru. Diese spannende Tiererzählung ist gleichzeitig ein engagiertes Plädoyer für die Erhaltung der Natur." Buchhändler heute

„Dem Autor zahlreicher Tierbücher gelingt es auch diesmal, mit seltener Eindringlichkeit ein Tierschicksal zu schildern. Mit klarer, prägnanter Sprache gelingen ihm Bilder voll Lebendigkeit und sprudelnder Frische, aber auch Szenen voll dramatischer Spannung."
AG Jugendliteratur und Medien in der GEW Rheinland-Pfalz

Raku, der Kolkrabe

141 Seiten, mit vielen Zeichnungen von Mario Kessler

„Viel Wissenswertes über den vom Aussterben bedrohten Kolkraben erfährt man in dieser wissenschaftlich fundierten, zugleich spannend, einfühlsam und unterhaltsam geschriebenen Erzählung über den jungen Kolkraben Raku."
Deutsche Akademie für Kinder- und Jugendliteratur

„Streblow hat tatsächlich das gewisse tierische Etwas, von dem nur wenig sog. Tierschriftsteller angehaucht sind. Um so mehr schätzt man solche Tierbücher."
Dr. Ellen Thaler, stellv. Direktorin des Alpenzoos Innsbruck

Duna, der Dinosaurier

141 Seiten, mit vielen Zeichnungen von Mario Kessler

„... Streblow erzählt aus dem Alltag der Saurier, als habe er sich mitten unter ihnen befunden." Süddeutscher Rundfunk

„Lothar Streblow ist ein ungewöhnlicher Autor. Man hat das Gefühl, er lebt in seinen Hauptdarstellern, wenn er seine Tiergeschichten schreibt und dabei gleichzeitig viel Wissen um die Lebewesen vermittelt. ‚Duna, der Dinosaurier' ist eine Tiererzählung aus der Reihe, die man von Buch zu Buch mehr schätzen lernt." Heilbronner Stimme

Lothar Streblows neue Tierbuch-Reihe

Tiere in ihrem Lebensraum

Barro, der Braunbär

141 Seiten, mit vielen Zeichnungen von Mario Kessler

„Die wilde Schönheit Skandinaviens und der Alltag der Bären wird so lebendig beschrieben, daß der Leser sich selbst wie ein Bär fühlt und die Landschaft wie ein Film vor seinen Augen vorbeizieht."
Das neue Jugendbuch, Basel

„... eine neue Form, Umwelt- und Naturschutzdenken zu vermitteln. Ein ungewöhnlich gutes Tierbuch." Hannoversche Allgemeine Zeitung

„Die Bären-Perspektive ermöglicht dem Leser einen neuen Blick auf die Schönheit der Natur und deren Mißachtung durch den sogenannten Fortschritt. Eine liebenswerte, spannende Tiererzählung mit Doppelsinn."
ZDF: Lese-Empfehlung

Manka, das Mammut

141 Seiten, mit vielen Zeichnungen von Mario Kessler

„Die Landschaft der Tundra, der Wandel der Jahreszeiten ... bilden den eiszeitlichen Hintergrund für das Familienleben des Mammutbabys Manka, das mit viel Liebe und Einfühlungsvermögen aufgezogen wird."
Tages Anzeiger, Zürich

„Lothar Streblow versteht es ganz vorzüglich, den Lebensraum und die Lebensart der verschiedenen Tiere genau darzustellen. Er schreibt wissenschaftlich fundiert und schafft doch durch die anschauliche Vorstellung jedes einzelnen Tieres sozusagen einen persönlichen Kontakt zum Leser." ‚Buch der Woche' im Hamburger Abendblatt

Wirru, das Wildpferd

141 Seiten, mit vielen Zeichnungen von Ludwig Winkler

In der unendlichen Weite der asiatischen Wüstensteppe wird Wirru, das junge Wildpferd, geboren. Im Schutz seiner Mutter und seiner Gefährten wächst er in einer Welt voller Gefahren zu einem starken Hengst heran. Und nach vielen Abenteuern führt er selbst eine Herde durch die karge Landschaft, durch Winterkälte und Staubstürme.